Laura Cousseran, Achim Lauber, Simon Herrmann, Niels Brüggen

**Kompass: Künstliche Intelligenz und Kompetenz 2023**
**Einstellungen, Handeln und Kompetenzentwicklung im Kontext von KI**

Bericht zur zweiten Repräsentativbefragung des Verbundprojekts Digitales Deutschland

Laura Cousseran, Achim Lauber, Simon Herrmann, Niels Brüggen

# Kompass: Künstliche Intelligenz und Kompetenz 2023

## Einstellungen, Handeln und Kompetenzentwicklung im Kontext von KI

Bericht zur zweiten Repräsentativbefragung des Verbundprojekts Digitales Deutschland

kopaed

# Impressum

**Zitationsvorschlag:**

Cousseran, Laura/Lauber, Achim/Herrmann, Simon/Brüggen, Niels (2023). Kompass: Künstliche Intelligenz und Kompetenz 2023. Einstellungen, Handeln und Kompetenzentwicklung im Kontext von KI. Herausgegeben vom JFF – Institut für Medienpädagogik in Forschung und Praxis. München: kopaed.

**Inhaltliche Verantwortung:**

JFF – Institut für Medienpädagogik in Forschung und Praxis
Rechtsträger: JFF – Jugend Film Fernsehen e.V.
Arnulfstr. 205
80634 München
Telefon: +49 89 689890
E-Mail: jff@jff.de
Vertretungsberechtigte Prof. Dr. Thomas Knieper (Vorsitzender), Kathrin Demmler (Direktorin)

**Erstellt im Rahmen des Projekts:** Digitales Deutschland | Monitoring zur Digitalkompetenz der Bevölkerung
„Digitales Deutschland | Monitoring zur Digitalkompetenz der Bevölkerung" ist ein Verbundprojekt des JFF – Institut für Medienpädagogik in Forschung und Praxis zusammen mit einem Team um Prof. Dr. Anja Hartung-Griemberg (Pädagogische Hochschule Ludwigsburg - Abteilung Kultur- und Medienbildung) sowie einem Team um Prof. Dr. Dagmar Hoffmann (Universität Siegen - Forschungsbereich Medien und Kommunikation/Gender Media Studies).
**Förderhinweis:** Das Projekt „Digitales Deutschland | Monitoring zur Digitalkompetenz der Bevölkerung" (Förderkennzeichen 3020206004) wird vom Bundesministerium für Familien, Senioren, Frauen und Jugend im Zeitraum 08/2020 bis 12/2023 gefördert. Die Verantwortung für den Inhalt dieser Veröffentlichung liegt bei den Autor*innen.

**Autor*innen:**
Laura Cousseran, Achim Lauber, Simon Herrmann, Dr. Niels Brüggen

Die Autor*innen danken für ihre Mitarbeit
bei Auswertungen und der Verschriftlichung der Ergebnisse:
Alena Klimovskaya, Simon Reck, Kristina Schmidt und Natalya Wotte (JFF) sowie Dr. Felix Bader und Janika Gabriel (Berliner Institut für Sozialforschung)
bei der Vorbereitung und Durchführung der Erhebung:
Petra Kombert, Elisabeth Oster und Katharina Thiel (GIM Gesellschaft für innovative Marktforschung)
bei der inhaltlichen Konzeption des Berichts:
Prof. Dr. Anja Hartung-Griemberg, Dr. Cornelia Bogen, Prof. Dr. Dagmar Hoffmann, Dr. Laura Sūna, Dr. Katja Berg, Kerstin Heinemann, Maximilian Schober und Sandrine Tausche

**Projektleitung:** Dr. Niels Brüggen, Kathrin Demmler

**Lektorat:** kopaed



**Druck:** docupoint, Barleben

**ISBN** : 978-3-96848-723-6

**DOI:** 10.5281/zenodo.10058588

# Inhalt

# Abbildungen

# Grußwort

## der Bundesministerin für Familie, Senioren, Frauen und Jugend Lisa Paus, MdB

Sehr geehrte Damen und Herren,

in der Medizin ist ein Mikroskop unverzichtbar. Es präsentiert Details, die sonst verborgen bleiben. Stellen Sie sich vor, Künstliche Intelligenz (KI) wäre ein hochauflösendes Mikroskop: Es hilft uns, die kleinsten Teile unseres digitalen Raums so zusammenzusetzen, dass das Gesamtbild klarer wird. Dazu müssen wir allerdings wissen, wie wir damit umgehen.

Der Bericht zur Repräsentativbefragung „Kompass: Künstliche Intelligenz und Kompetenz" enthält in seiner zweiten Ausgabe spannende Erkenntnisse. Danach sind zwei Drittel der Bevölkerung der Meinung, dass KI helfen kann, medizinische Diagnosen und Therapievorschläge zu verbessern. Dieses Ergebnis zeigt, dass mit der Technologie Hoffnungen verbunden sind. Es werden aber auch ambivalente und ablehnende Einstellungen sichtbar. So stimmen 71 Prozent der Aussage zu, dass wir durch KI noch abhängiger von Technologie werden. Der Kompass KI stellt auch vor, wie kompetent sich die Bevölkerung im Umgang mit digitalen Technologien und KI sieht. Die Befragung ist Teil des Projektes „Digitales Deutschland | Monitoring zur Digitalkompetenz der Bevölkerung", das mein Haus fördert.

Der Kompass KI zeigt, dass Kompetenz mehr ist als Können. Auch Wünsche, Erwartungen, Befürchtungen und nicht zuletzt die individuelle Lebenssituation entscheiden mit darüber, ob und wie Menschen sich den Technologien zuwenden. Was es dazu braucht, darauf müssen wir noch stärker als bisher den Blick richten.

Der Kompass KI schafft Orientierung. Damit unterstützt er die Digitalpolitik der Bundesregierung. Er ist Grundlage für eine gute und ganzheitliche Kompetenzförderung.

Bildnachweis: Laurence Chaperon

Ich danke dem JFF – Institut für Medienpädagogik in Forschung und Praxis sowie der Universität Siegen und der Pädagogischen Hochschule Ludwigsburg für ihren Beitrag dazu, die digitale Gesellschaft umfassend zu gestalten. Ähnlich wie ein Mikroskop hilft, Verborgenes zu erkennen, hilft unser gemeinsames Projekt „Digitales Deutschland", Chancen der Digitalisierung zu erkennen und wahrzunehmen.

Lassen Sie uns den digitalen Wandel weiterhin gemeinsam gestalten.

Mit freundlichen Grüßen

Lisa Paus MdB
Bundesministerin für Familie, Senioren, Frauen und Jugend

# 1. Zentrale Ergebnisse

Der *Kompass: Künstliche Intelligenz und Kompetenz 2023 – Einstellungen, Handeln und Kompetenzentwicklung im Kontext von KI* verschafft einen Überblick darüber, wie kompetent sich die Bevölkerung in Deutschland[1] im Umgang mit digitalen Medien und Systemen erlebt – und vor allem mit Künstlicher Intelligenz. Weiterhin zeigt die Studie Hintergründe auf, die für die Entwicklung von Digital- und Medienkompetenz von Bedeutung sein können. Dies sind vor allem Vorstellungen von und Einstellungen gegenüber Künstlicher Intelligenz (im Folgenden auch KI) sowie der Umfang und die Intensität der Nutzung digitaler Medien und Systeme. Zudem greift der vorliegende Bericht im Rahmen des Projekts *Digitales Deutschland | Monitoring zur Digitalkompetenz der Bevölkerung* auch soziodemografische Merkmale wie Alter, Geschlecht, formale Bildung sowie das berufliche Tätigkeitsfeld auf, wenn diese für die Entwicklung von Kompetenz eine Rolle spielen. Mit dieser Anlage und Zielstellung leistet die Studie im Sinne der Digitalstrategie der Bundesregierung einen Beitrag dazu, einen Überblick über die in der Bevölkerung vorhandenen Digitalkompetenzen zu erhalten und Förderbedarfe zu identifizieren. Die nun vorliegende zweite Erhebung ermöglicht es bereits, aktuelle Entwicklungen einzuordnen. Die Vertiefung auf Künstliche Intelligenz rückt dabei die Kompetenzentwicklung in der Bevölkerung in einem Zukunftsfeld des digitalen Wandels in den Fokus.

Die empirische Basis dieser Studie bildet eine bundesweite Repräsentativbefragung der deutschsprachigen Bevölkerung ab 12 Jahren. Mit der Ziehung der Stichprobe sowie der Durchführung der Erhebung in Form von computergestützten telefonischen Interviews wurde GIM Gesellschaft für innovative Marktforschung beauftragt. Die Befragung fand zwischen dem 03.01.2023 und dem 18.02.2023 statt. Insgesamt nahmen 2006 Personen daran teil. Die Befragung führt die Studie *Kompass: Künstliche Intelligenz und Kompetenz 2022* fort, wobei das Erhebungsinstrument angepasst wurde[2], um aktuellen Entwicklungen durch den digitalen Wandel gerecht werden zu können. So wurde beispielsweise den Befragten die Wahl überlassen, auf welches KI-System sie sich beziehen wollten, da KI heute in zahlreichen digitalen Medien und Diensten integriert sein kann.

### KI: Dystopie oder Utopie?

Wie Menschen mit KI-Systemen umgehen und dadurch Medien- und Digitalkompetenz (weiter-)entwickeln, ist geprägt durch ihre Vorannahmen und Haltungen gegenüber KI. Einstellungen gegenüber KI rahmen somit den Kompetenzerwerb. Die Befragten bewerten KI ambivalent, sehen darin also einerseits Chancen, andererseits aber auch Risiken. Dies ist sowohl der Fall, wenn sie ihr persönliches Leben vor Augen haben, als auch, wenn sie Folgen für die Gesellschaft bedenken. Nur etwa jede*r Zehnte bewertet KI eindeutig als Chance oder als Gefahr. Die meisten Studienteilnehmenden sind sich darin einig, dass die Abhängigkeit von Technologie durch KI zukünftig größer wird. Jedoch werden auch Chancen gesehen. So kann sich beispielsweise eine Mehrheit der Befragten vorstellen, dass KI in der Medizin eine Stütze beim Erstellen von Diagnosen und Therapievorschlägen sein kann.

### Gegenständliche Roboter und unsichtbare Daten

Zwar kommt KI in zahlreichen Bereichen und Anwendungen zum Einsatz, in den Vorstellungen der Menschen bleibt jedoch vor allem Gegenständliches präsent, so etwa der Roboter, aber auch andere Hardware wie etwa Computer. Auch im Alltag verbinden die Befragten mit KI vor allem Geräte und besonders das Smartphone.

Viele Studienteilnehmende haben ein eher vages Verständnis davon, was KI ist. Als Expert*in-

1 Genaueres zur Zielgruppe der Studie finden Sie im Kapitel zur methodischen Umsetzung.

2 Im Anhang finden Sie detaillierte Informationen dazu, wie das Erhebungsinstrument verändert wurde.

nen schätzen sich nur wenige ein. Die meisten Menschen in der Bevölkerung sind sich jedoch der Grundlagen zum Verständnis von KI nach eigener Angabe bewusst, so etwa, dass Menschen beim Programmieren von KI eine bedeutende Rolle spielen oder dass eine KI aus Daten lernt – auch aus den eigenen. Eine besondere Herausforderung hingegen liegt darin, zu wissen, woran man erkennen kann, ob Unternehmen mit den eigenen Daten verantwortungsvoll umgehen. Nur eine Minderheit traut sich das (eher) zu.

## Datenschutz beschäftigt fast alle

Wenn es um KI geht, geht es somit auch um Daten und den Umgang mit den eigenen Daten. Denn eine KI lernt daraus. Das Thema 'Daten schützen' ist ein zentrales für diese Studie. Denn es ist erstens im öffentlichen Diskurs zu KI präsent, auch aufgrund rechtlicher Regelungen. So weisen beispielsweise Cookie-Banner auf Datenerhebung und -verarbeitung hin und fordern so zu einer aktiven Positionierung zu diesem Thema auf (DSK 2021, S. 27). Zweitens wurde im Rahmen der Befragung von 2021 festgestellt, dass Begriffe wie Privatsphäre- und Datenschutz nicht leicht voneinander zu trennen sind. Daher wurde in der Studie 2023 der Fokus auf einen von beiden Begriffen gelegt. Was besonders ins Auge sticht, ist die Tatsache, dass dem Datenschutz übergreifend eine große Bedeutung beigemessen wird – sowohl über verschiedene Berufsfelder als auch Altersgruppen hinweg. Für fast alle Befragten ist Datenschutz (eher) wichtig. Zugleich schätzen sie ihre Fähigkeiten darin zum Teil deutlich verhaltener ein und benennen Unterstützungsbedarf beim Schutz von Daten oder dem Umgang damit.

## Vertrauenswürdigkeit, Glaubwürdigkeit und Risiken einschätzen als weitere Herausforderungen

Neben dem Datenschutz schreiben die Befragten einigen weiteren Anforderungen[3] im Umgang mit digitalen Medien eine wichtige Rolle zu. Während zahlreichen Kompetenzanforderungen Relevanz zugeschrieben wird, klaffen Unterschiede zwischen Selbst- und Relevanzeinschätzung vor allem bei folgenden Dreien deutlich auseinander: Zu erkennen, wem man im Netz vertrauen kann und wem nicht, ist mehr als 90 Prozent der Studienteilnehmenden wichtig, allerdings trauen sich vergleichsweise nur 72 Prozent zu, selbst dazu in der Lage zu sein. Auch die Kompetenzen, die Glaubwürdigkeit von Quellen einzuschätzen sowie Risiken der Nutzung digitaler Medien erkennen zu können, erachten viele zwar als wichtig, schätzen sie aber nicht als besonders gut ausgeprägt bei sich selbst ein. Hieraus ließe sich etwa schließen, dass gerade dies Bereiche sind, in denen pädagogische Angebote hilfreich wären, um Unsicherheiten in der Bevölkerung entgegenzuwirken.

## Sicher vor allem beim Recherchieren

Die meisten Befragten trauen sich zu, dass sie online den eigenen Wünschen entsprechend passende Informationen finden können. Auch digitale Medien so zu nutzen, dass es einem gut tut sowie Inhalte zur Unterhaltung auszuwählen, können viele nach eigener Angabe (eher) gut. Vor allem hinsichtlich kreativer und teilweise auch affektiver Dimensionen von Medien- und Digitalkompetenz zeigt sich eine neue Tendenz: Während ein größerer Anteil an Befragten sich darin als (eher) gut einschätzt, schreibt diesen beiden Dimensionen ein geringerer Anteil gesellschaftliche Bedeutung zu. Vor allem kreative Fähigkeiten erfahren vergleichsweise geringe Anerkennung.

3 Was Kompetenzanforderungen sind, ist in der Einführung (ab S. 15) ausführlich dargestellt.

## Der Umfang der genutzten digitalen Medien spielt eine Rolle für Kompetenzerleben

Die Ergebnisse dieser Studie bilden zwar nicht ab, inwiefern Menschen kompetent handeln, jedoch schon, inwiefern sie sich als kompetent erleben. Die Ergebnisse bestätigen die allgemeine Erwartung, dass jüngere Menschen mit digitalen Medien und Systemen laut eigener Angabe kompetenter umgehen als Ältere. Hier gilt es jedoch festzuhalten: Nicht durchweg schätzen unter den Jüngsten[4] die meisten ihre Fähigkeiten als gut ein. Vielmehr ergeben sich je nach Kompetenzanforderung verschiedene Tendenzen zwischen Altersgruppen. So erleben sich vor allem Ältere als kompetent, wenn es darum geht, dem eigenen Medienhandeln Grenzen zu setzen. Demgegenüber schätzen sich mit zunehmendem Alter geringere Teile die Studienteilnehmenden darin als (eher) gut ein, kreative Inhalte zu teilen. Fasst man die zwölf in der Befragung erfassten Anforderungen[5] von Medien- und Digitalkompetenz zu einem Index zusammen und betrachtet diesen im Kontext verschiedener Einflussfaktoren, wie beispielsweise Alter und Mediennutzung, wird deutlich, dass Jüngere sich insgesamt kompetenter erleben als Ältere. Solche Unterschiede zwischen verschiedenen Altersgruppen fallen jedoch deutlich geringer aus, bezieht man die Nutzung digitaler Anwendungen mit ein. Das zeigt, dass der häufigere Umgang mit digitalen Medien Unterschiede im Kompetenzerleben in den Altersgruppen eindämmen oder ausgleichen kann.

## Kompetenzerwerb – vorwiegend außerhalb strukturierter Lernsettings

Die Befragten entwickeln Medien- und Digitalkompetenz überwiegend außerhalb von strukturierten Lernsettings. Viele bringen sich Fähigkeiten selbst bei. Familie, der Freundeskreis sowie mediale Angebote spielen dabei eine unterschiedlich große Rolle. Vor allem für Jugendliche hat beispielsweise die Gruppe der Gleichaltrigen, mit denen sie in Kontakt stehen (Peer Group), eine große Bedeutung. Die Familie ist sowohl für die Jüngsten als auch für die Ältesten von Bedeutung. Obwohl sich die Befragten hauptsächlich selbst Medien- und Digitalkompetenzen aneignen, spielen unterschiedliche strukturierte Lernsettings eine Rolle. Welche Bedeutung verschiedene formale Lernangebote haben, geht einher mit dem Lebenslauf eines Menschen. Während für die Jüngsten vor allem die Schule ein relevanter Lernort ist, sind es im Berufsleben Kolleg*innen und berufliche Weiterbildungsangebote. Im höheren Lebensalter gewinnen schließlich außerschulische Lernangebote deutlich an Bedeutung.

4 Mit den Jüngsten ist jeweils die jüngste Altersgruppe dieser Studie gemeint, also 12- bis 19-Jährige.

5 Im Anhang können die Kompetenzanforderungen, welche im Erhebungsinstrument formuliert wurden, nachgelesen werden.

# 2. Einführung und zentrale Begriffe

Künstliche Intelligenz wird in der Digitalstrategie der Bundesregierung als Zukunftsfeld des digitalen Wandels ausgewiesen und findet Einsatz in immer weiteren Bereichen unseres gesellschaftlichen Zusammenlebens. KI wird beispielsweise in der Medizin (Schultze 2021) oder im Bildungsbereich (Mayrberger 2021) genutzt. In ihrem Alltag kommen Menschen über unterschiedliche digitale Medien mit KI in Berührung und benötigen dementsprechend Kompetenzen im Umgang damit. Mit der Digitalstrategie verpflichtete sich die Bundesregierung, als Grundlage für Fördermaßnahmen die Digitalkompetenzen der Bevölkerung zu erfassen. Hierzu leistet die vorliegende Studie einen Beitrag, indem sie mit einem besonderen Fokus auf KI u. a. die folgenden Fragen stellt: Wie schätzt die Bevölkerung die eigene Digital- und Medienkompetenz ein? Wie bewertet die Bevölkerung die Entwicklung von KI für sich selbst, aber auch mit Blick auf die Gesellschaft? In welchen Zusammenhängen haben die Bürger*innen die Kompetenzen erworben? Als Teil des Projekts Digitales Deutschland liegt der Fokus der Studie auf der deutschsprachigen Bevölkerung in Deutschland.[6] Einführend werden im Folgenden die für die Studie zentralen Begriffe erläutert und theoretisch eingeordnet.

6 Näheres zur Stichprobe finden Sie im Kapitel zur methodischen Umsetzung (ab S. 19).

## KI und Kompetenz: Was beide Begriffe bedeuten

Sowohl zu KI als auch zur Digitalkompetenz gibt es eine Reihe von Definitionen (zum Beispiel Medienkompetenz, Datenkompetenz und spezielle KI-bezogene Kompetenzen). Mit diesen Begriffen ist jeweils eine bestimmte Fokussierung verbunden. So stehen bei Medienkompetenz die Phänomene im Medienbereich im Fokus, die durch die Digitalisierung und die Verwendung von Daten geprägt sind. Daten stehen wiederum bei der Datenkompetenz im Fokus. Damit überschneiden sich die Begriffe notwendigerweise. Systematisierend lassen sie sich jedoch folgendermaßen zueinander in Bezug setzen (s. Abb. 1). Wichtig ist bei der Betrachtung digitaler Medien und Systeme mit oder ohne KI zunächst, drei Ebenen voneinander zu trennen:

- Die technisch-physikalische Basis, also zum Beispiel Hardware.
- Die Applikationsebene, die in der Software verankerte Prozesse und Verfahrensweisen umfasst. Ein Beispiel sind etwa algorithmische Empfehlungssysteme, die Apps steuern.
- Die mediale Ebene ist schließlich die Oberfläche, auf der beispielsweise Videos angezeigt werden. Hier können Menschen mit einem Medium interagieren.

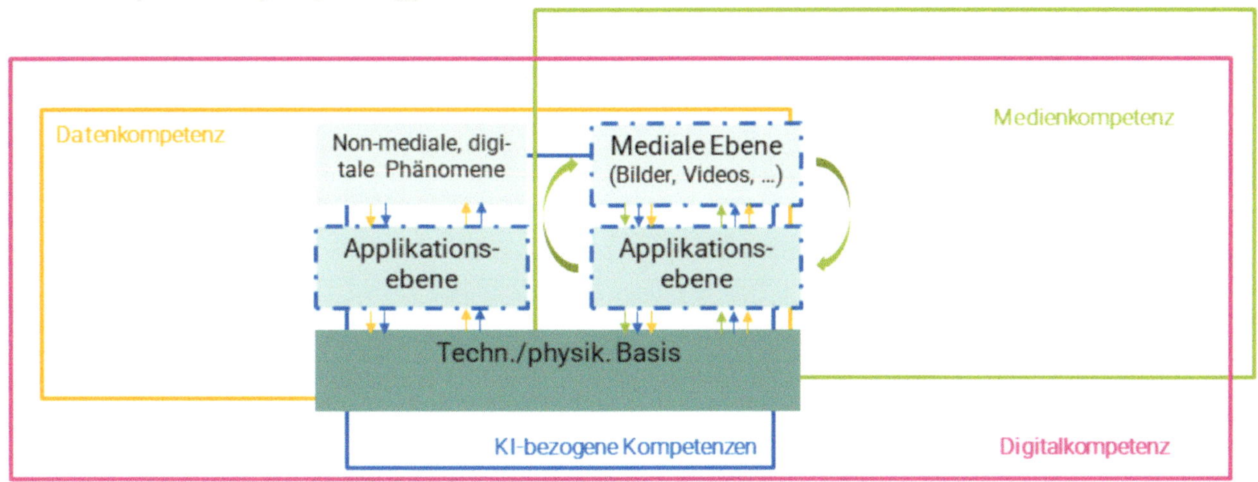


Abbildung 1: Überblick über verschiedene Kompetenzbegriffe (vgl. Brüggen & Sūna 2023)

Wie in Abbildung 1 dargestellt, bildet Digitalkompetenz eine Klammer für verschiedene Kompetenzbegriffe, die jeweils unterschiedliche Schwerpunkte setzen. Medienkompetenz bezieht sich immer auf mediale Phänomene, zum Beispiel Bilder, Videos etc. und wie diese in Plattformen zugänglich werden. Datenkompetenz hingegen kann sich auch auf digitale Phänomene beziehen, die nicht-medial sind. Als Beispiel: die digitale Steuerung von Rollläden im Smart Home. Kompetenzen in Bezug auf KI sind dahingehend ein Sonderfall, denn hier steht die Verarbeitung von Daten durch KI-Systeme im Fokus (Brüggen & Sūna 2023).

Der Kompetenzbegriff ist weit zu fassen. Es sind alle Kompetenzen gemeint, die für ein souveränes Leben angesichts des fortschreitenden digitalen Wandels als nötig erachtet werden. Die Fragen stellen sich bei der Betrachtung von KI auf besondere Weise, weil hier mehrere Perspektiven verbunden werden: Bei Kompetenzen in Bezug auf KI steht die Verarbeitung von Daten durch KI-Systeme im Fokus, zugleich wird aber auch die mediale Ebene adressiert (Brüggen & Sūna 2023). Gerade angesichts der Überschneidungen der Kompetenzbegriffe wurde im Projekt Digitales Deutschland der Weg gewählt, die Dimensionen in den Vordergrund zu stellen, in welchen die jeweils angeführten Fähigkeiten und Fertigkeiten sowie Wissensbestände gebündelt werden können. Ausgangspunkt ist, dass Kompetenzen „die bei Individuen verfügbaren oder durch sie erlernbaren kognitiven Fähigkeiten und Fertigkeiten [sind], um bestimmte Probleme zu lösen, sowie die damit verbundenen motivationalen, volitionalen und sozialen Bereitschaften und Fähigkeiten, um die Problemlösung in variablen Situationen erfolgreich und verantwortungsvoll nutzen zu können." (Weinert 2003 zit. nach Digitales Deutschland 2021, S. 3). Um die oben skizzierte Bandbreite von Kompetenz im Umgang mit digitalen Medien und KI-Technologie abzudecken, werden folgende Kompetenzdimensionen unterschieden.

- Die instrumentell-qualifikatorische Dimension umfasst das Bedienen digitaler Medien und Systeme. Dies wird im Alltag häufig mit Medien- und Digitalkompetenz verbunden, da es eine Voraussetzung dafür bildet, mit digitalen Medien und Systemen umzugehen. Sie ist eine notwendige, allerdings keine hinreichende Bedingung. Denn sie „bestimmt zwar die Möglichkeit, jedoch nicht die Qualität der Medienaneignung" (Schorb 2017, S. 257).
- Mit der kognitiven Dimension werden zum einen Aspekte beschrieben, die eine kognitive Auseinandersetzung mit digitalen Medien und Systemen erfordern, und zum anderen Medienwissen, Medialitätsbewusstsein sowie visuelle Kompetenz.
- Die affektive Dimension betont den Umgang mit Emotionen. Dies betrifft sowohl Fragen der Stimmungsregulierung als auch Emotionen, die beim Umgang mit Medien entstehen, und beispielsweise empathisches Handeln.
- Ist von der kreativen Dimension die Rede, steht (gegenüber einer rein rezeptiven) eine selbstbestimmte, eigenständige und gestaltende Mediennutzung im Vordergrund.
- Unter die soziale Dimension werden Fähigkeiten und Fertigkeiten gefasst, die Individuen zur Kollaboration, Partizipation und digitalen Kommunikation benötigen. Relevant sind hier auch Sozialkompetenzen wie etwa Konfliktlösefähigkeit.
- Schließlich umfasst die kritisch-reflexive Dimension Fähigkeiten, mit denen es möglich ist, Medien kritisch zu betrachten und zu bewerten – sowohl mit Blick auf die Gesellschaft als auch auf das eigene Leben (Digitales Deutschland 2021, S. 4 ff.).

Auch diese Dimensionen haben wechselseitige Bezüge untereinander, bauen aufeinander auf und haben teils Überscheidungen. Sie dienen aber dazu, die in den verschiedenen Kompetenzbegriffen formulierten Fähigkeiten, Fertigkeiten und Wissensbestände übergreifend zu betrachten.

Zur Konstruktion des Erhebungsinstruments diente neben dem im Projekt erstellten Rahmenkonzept (Digitales Deutschland 2021) vor allem ein Kompetenzmodell von Schorb (2017). Er unterteilt Medienkompetenz in drei Dimensionen: Wissen, Handeln und Reflexion. Zudem ist darin die Positionierung gegenüber der Medienwelt ein zentraler Aspekt. Sie ergibt sich aus dem Zusammenspiel von Wissen, Reflexion und Handeln (Schorb 2017, S. 255-256). Reflexion ist der Bestandteil von Kompetenz, welcher sich im Rahmen einer quantitativen Studie kaum erheben lässt. Dafür kann sich aber eine Positionierung beispielsweise in wertenden Aussagen der Befragten über KI spiegeln. Auch Sūna (2023) betont die Bedeutung von Einstellungen, wenn Kompetenzen im Umgang mit KI erforscht werden. Denn Individuen bilden subjektive Theorien über KI – also Vorstellungen davon, was KI ist, was sie kann und was sie können sollte – unter anderem auf Basis ihrer Einstellungen. Da der Positionierung somit eine zentrale Rolle zukommt, flossen Fragen dazu auch in den *Kompass: Künstliche Intelligenz und Kompetenz* ein.

Insgesamt ist für das Kompetenzverständnis von Digitales Deutschland Folgendes zentral: Kompetenz wird als Prozess begriffen. Individuen entwickeln diese in ihrem jeweiligen Medienalltag. In ihrem Handeln sind sie mit medial und gesellschaftlich geprägten Anforderungen konfrontiert. Insofern drückt sich ihre Kompetenz handelnd als Vermittlung von eigenem Wollen, Können, technischen Affordanzen und auch gesellschaftlichem Sollen aus. Dabei meint Affordanz den Angebotscharakter von medialen Objekten, unter den alle Eigenschaften fallen, die Menschen etwas anbieten, zur Verfügung stellen oder gewähren. So wie in einen Stuhl eine Affordanz für das Sitzen eingeschrieben ist, sind auch in digitalen Apps oder Interfaces Angebote enthalten, wie mit ihnen umgegangen werden kann und wie nicht. Dementsprechend müssen in der Forschung neben individuellen Kontexten der Kompetenzentwicklung immer auch die medialen und gesellschaftlichen betrachtet werden.
Ein weiterer Begriff neben Kompetenz sind Kompetenzanforderungen. Sie ergeben sich aus einer bestimmten Situation, sind also Anforderungen an Individuen, um in einer vom digitalen Wandel geprägten Welt handlungsfähig zu sein. Sie ergeben sich aus einem Zusammenspiel individueller Bedürfnisse, äußerer Bedingungen der Lebenswelt, der Beschaffenheit digitaler Medien sowie kultureller und gesellschaftlicher Rahmenbedingungen (Digitales Deutschland 2021, S. 6-7).
Neben Kompetenz und Kompetenzanforderung ist KI ein weiterer zentraler Begriff dieser Studie. Wie Medien- und Digitalkompetenz lassen sich auch KI und digitale Medien und Systeme nur schwer voneinander abgrenzen. KI ist zwar nicht zwingend Teil aller digitalen Medien und Systeme. Jedoch sind digitale Medien und Systeme im Leben der Menschen wichtige Berührungspunkte mit KI, zum Beispiel in Form von algorithmischen Empfehlungssystemen. Diese sind Teil zahlreicher Social-Media-Anwendungen (Schober et al. 2022, S. 11-15).
Im Projekt Digitales Deutschland wird KI definiert als Technologien, die Menschen nutzen können, um Denken und Handeln zu erweitern oder gar zu ersetzen – vor allem in den Bereichen des Wahrnehmens, des Verarbeitens natürlicher Sprache, des Schlussfolgerns, der Lernsteuerung und des Vorausplanens. Das zeigt sich in vielfacher Hinsicht. KI beeinflusst zum Beispiel in Form algorithmischer Empfehlungssysteme, welche Inhalte Nutzende in Social-Media-Angeboten wahrnehmen. Auch beim Schlussfolgern und Bewerten hat KI eine Bedeutung, je nachdem in welchem Ausmaß Individuen ihren Vorschlägen vertrauen. Der Einsatz von KI verändert damit das Verhältnis zwischen Menschen und Maschinen und wirft grundlegende Fragen zur Handlungsfreiheit des Menschen auf. Dies betrifft die Ebene des individuellen Handelns, hat aber gleichfalls eine gesellschaftliche Dimension (vgl. Sūna & Hoffmann, 2021).

## Wie der Bericht aufgebaut ist

Diese Einführung endet mit einem Überblick über den Aufbau des vorliegenden Berichts. In Kapitel drei wird die methodische Umsetzung des *Kompass: Künstliche Intelligenz und Kompetenz* beschrieben. Dabei steht zunächst das Erhebungsinstrument im Fokus. Danach werden die Stichprobe sowie die Durchführung der Studie skizziert, worauf Hinweise folgen, die bei der Interpretation der Ergebnisse zu berücksichtigen sind. Das vierte Kapitel gibt einen Überblick darüber, welche Einstellungen die deutschsprachige Bevölkerung gegenüber KI hat. Dabei wird zum einen der Frage nachgegangen, inwiefern die Befragten in KI Chancen und/oder Risiken sehen. Zum anderen steht die Frage im Zentrum, inwiefern sie wertenden Aussagen zu KI zustimmen. In Kapitel fünf geht es dann zum einen darum, welche Vorstellungen die Befragten spontan von KI haben. Zum anderen ist Thema, wie viel Wissen sie sich über KI zuschreiben.
Das sechste Kapitel befasst sich damit, wie Menschen sich hinsichtlich ihres Umgangs mit KI einschätzen. Hier wird sowohl dargestellt wie Menschen ihre Fähigkeiten bewerten, als auch, für wie wichtig sie diese halten. Während die Kapitel vier bis sechs sich ausführlich mit KI beschäftigen, wird in den Kapiteln sieben bis neun Medien- und Digitalkompetenz breiter in den Blick genommen. Ähnlich wie im sechsten Kapitel zum Handeln mit KI werden auch in Kapitel sieben Befunde zur Selbst- und Relevanzeinschätzung unterschiedlicher Kompetenzanforderungen einander gegenübergestellt. Darauf folgt im achten Kapitel ein Einblick, auf welche Art und Weise Individuen Kompetenz entwickeln. Abschließend wird in Kapitel neun vorgestellt, bei welchen Themen Unterstützungsbedarfe benannt werden. In allen Ergebniskapiteln werden im Text nur signifikante Befunde beschrieben (soweit nicht explizit anders ausgewiesen). Der Bericht schließt im zehnten Kapitel mit einer umfassenden Interpretation der Ergebnisse und bietet eine Übersicht über Handlungsempfehlungen für Politik, Bildungspraxis und Entwickler*innen von Technik.

# 3. Methodische Umsetzung

## Was sich am Erhebungsinstrument geändert hat

Der *Kompass: Künstliche Intelligenz und Kompetenz 2023* stellt eine Neuauflage der quantitativen Studie *Kompass: Künstliche Intelligenz und Kompetenz 2022* des Projekts Digitales Deutschland dar. Beiden Studien liegt als Erhebungsinstrument ein Fragebogen zugrunde, der von Pfaff-Rüdiger et al. (2022) entwickelt wurde.

Der theoretische Bezugspunkt des Fragebogens ist das im Projekt Digitales Deutschland entwickelte Rahmenkonzept zu Medien- und Digitalkompetenz (Digitales Deutschland 2021). Alle sechs im Rahmenkonzept benannten Kompetenzdimensionen – instrumentell-qualifikatorisch, kognitiv, kritisch-reflexiv, sozial, affektiv, kreativ – werden daher im Fragebogen systematisch differenziert (Digitales Deutschland 2021, S. 4–6).

Der Fragebogen lässt sich in folgende inhaltliche Bereiche untergliedern:

- Nutzung digitaler Medien und Systeme, in denen typischerweise KI zur Anwendung kommt
- Fähigkeiten und Fertigkeiten im Umgang mit digitalen Medien und Systemen
- Assoziationen zu und Wissen über Künstliche Intelligenz (KI)
- Fähigkeiten im Umgang mit KI-Systemen
- Einstellungen gegenüber KI
- Soziodemografische Angaben

Der von Pfaff-Rüdiger et al. (2022) entwickelte Fragebogen wurde für die Neuauflage der Studie an wenigen Stellen angepasst. Da die Ergebnisse der Neuauflage mit den Ergebnissen der ersten Studien vergleichbar sein sollen, wurden die grundlegenden Bestandteile des Fragebogens zu Mediennutzung, Medien- und Digitalkompetenz sowie Einstellungen zu KI beinahe vollständig beibehalten. Alle Veränderungen im Fragebogen wurden im Vorfeld der Befragung mithilfe eines Pretests getestet.[7]

## Stichprobe und Durchführung der Studie

Die Befragung fand im Januar und Februar 2023 in Form computergestützter telefonischer Interviews (CATI) im Dual-Frame-Ansatz statt. Es wurden also sowohl Festnetz- als auch Mobilfunknummern berücksichtigt. Durchschnittlich dauerte ein Interview 28 Minuten. Die Grundgesamtheit der Studie bildet die deutschsprachige Bevölkerung ab 12 Jahren mit Wohnsitz in Deutschland. Aus dieser Grundgesamtheit wurde eine repräsentative Stichprobe von 2006 Personen befragt. Zur Ziehung der Stichprobe diente die „ADM-Auswahlgrundlage für Telefonstichproben" als Grundlage, die im ADM-Stichprobensystem eASYSAMPLe als mehrfach geschichtete Zufallsauswahl gezogen wurde. Eine bestimmte Person in einem Haushalt wurde durch Zufall nach dem „Schwedenschlüssel"-Verfahren ausgewählt. Kinder unter 14 Jahren wurden durch ihre Eltern zur Teilnahme eingeladen, da eine telefonische Umfrage gemäß den ADM-Standesregeln erst ab 14 Jahren erlaubt ist.

Im Folgenden wird die Stichprobe anhand ausgewählter Merkmale skizziert. Der Fokus liegt dabei vor allem auf Merkmalen, die im Verlauf des Berichts immer wieder eine Rolle spielen werden. Um die Repräsentativität der Ergebnisse zu gewährleisten, wurden die Daten in Anlehnung an den Mikrozensus und Daten der amtlichen Statistik des Statistischen Bundesamts gewichtet.[8] Die folgenden Angaben beziehen sich jeweils auf die gewichteten Werte.

- Geschlecht: Die Stichprobe umfasst etwas mehr Frauen ($n_{gewicht}$ = 1012) als Männer ($n_{gewicht}$ = 985). Vier Personen[9] gaben als Geschlecht divers an. Aufgrund der geringen Größe dieser Gruppe kann sie in den statistischen Berechnungen nicht separat ausgewiesen werden.
- Alter: Die Befragten wurden gemäß ihrem Alter in sechs Gruppen unterteilt. Wie diese Gruppen gebildet wurden, geht aus dem Er-

---

7 Genauere Informationen zum Pretest und zu den Veränderungen am Erhebungsinstrument befinden sich im Anhang ab S. 69.

8 Details dazu finden sich unter der Überschrift "Wie die Daten ausgewertet wurden", S. 21.

9 Diese Zahl ist ein ungewichteter Wert.

gebnisbericht zum *Kompass: Künstliche Intelligenz und Kompetenz 2022* hervor (Pfaff-Rüdiger et al. 2022, S. 17). Die Befragten verteilen sich auf diese Altersgruppen wie folgt: 12- bis 19-Jährige ($n_{gewicht}$ = 164), 20- bis 34-Jährige ($n_{gewicht}$ = 406), 35- bis 49-Jährige ($n_{gewicht}$ = 418), 50- bis 64-Jährige ($n_{gewicht}$ = 519), 65-74-Jährige ($n_{gewicht}$ = 247) und Menschen, die 75 Jahre oder älter sind ($n_{gewicht}$ = 251).

- Bildung: Die Unterteilung in verschiedene Bildungsgruppen beruht auf der CASMIN-Klassifikation (Lechert et al. 2006). Da Schüler*innen noch keinen Abschluss vorweisen können, wurden sie separat zu den übrigen Bildungsgruppen betrachtet. Die meisten Befragten verfügen über einen mittleren Bildungsabschluss ($n_{gewicht}$ = 877). Darauf folgen Personen mit einer formal niedrigen Bildung ($n_{gewicht}$ = 541) und Personen mit formal hohem Bildungsabschluss ($n_{gewicht}$ = 375). Schüler*innen bilden eine vergleichsweise kleine Gruppe ($n_{gewicht}$ = 92).
- Migrationsgeschichte: Die meisten Befragten haben keine Migrationsgeschichte ($n_{gewicht}$ = 1661). Ein Teil der Befragten gab an, eine Migrationsgeschichte zu haben (selbst und/oder durch die Eltern) ($n_{gewicht}$ = 298).

Wie im Kapitel „Zentrale Ergebnisse" angesprochen, kann Mediennutzung als ein relevanter Kontextfaktor für Kompetenzentwicklung betrachtet werden. Inwiefern digitale Medien und Systeme genutzt werden, soll an dieser Stelle nur insoweit skizziert werden, wie es zur Einordnung später dargestellter Befunde notwendig ist. Einen ausführlichen Überblick über die Mediennutzung der Befragten bietet eine separate Präsentation, welche auf der Projektwebsite (https://digid.jff.de/eigene-studien/) veröffentlicht wird. 90 Prozent der Befragten geben an, digitale Anwendungen häufig bzw. regelmäßig zu nutzen, wohingegen zehn Prozent als Nicht- und Wenignutzer*innen[10] betrachtet werden. Unter Menschen im höheren Lebensalter (in diesem Fall 75 Jahre oder älter) finden sich mit 49 Prozent die meisten Nicht- und Wenignutzer*innen. Der Anteil Nicht- und Wenignutzer*innen ist in den jüngeren Altergrupen kleiner. Bei den 12- bis 19-Jährigen liegt er bei zwei Prozent. Hinsichtlich des Geschlechts ist die Gruppe der Nicht- und Wenignutzer*innen annähernd gleich verteilt, 54 Prozent sind Männer, 46 Prozent Frauen.

Von elf abgefragten digitalen Anwendungen und Diensten verwenden die Teilnehmenden Messenger-Dienste am häufigsten. Dreiviertel der Befragten nutzen diese täglich. Auch Suchmaschinen und soziale Netzwerkseiten werden im Vergleich häufiger täglich benutzt. Nur zehn Prozent der Befragten nutzen täglich Sprachassistenzsysteme oder Routeninformationen. Noch seltener werden Anwendungen zum Online-Shopping sowie Online-Dienste mit Verwaltungsleistungen täglich genutzt (s. Abb. 2).

10 Nicht- und Wenignutzer*innen sind Personen, die entweder angaben, das Internet nie oder alle abgefragten digitalen Anwendungen maximal ein oder mehrmals im Monat zu verwenden.

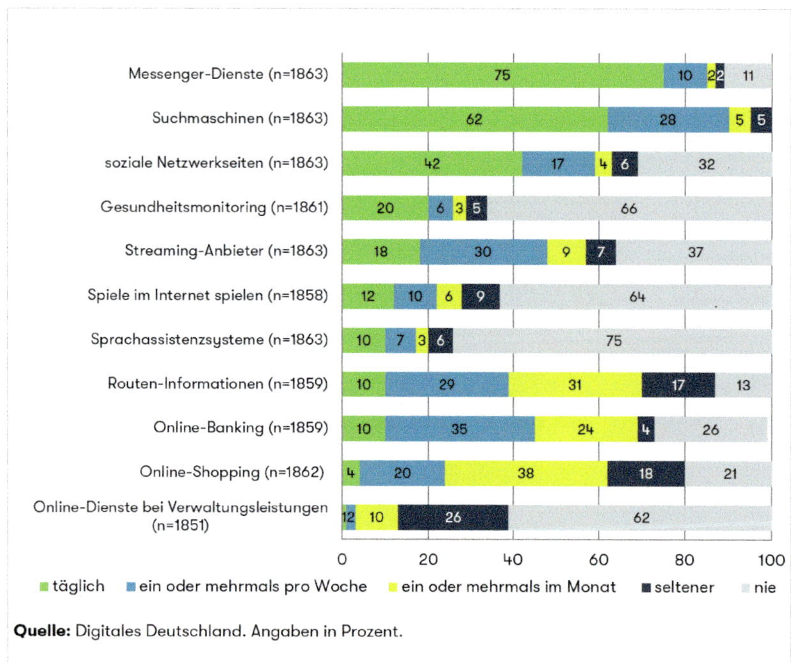

**Quelle:** Digitales Deutschland. Angaben in Prozent.

**Abbildung 2:** Nutzung digitaler Anwendungen und Dienste

Quelle: Digitales Deutschland; Grundgesamtheit Deutschsprachige Bevölkerung ab 12 Jahren (Die Gruppengrößen sind der Grafik zu entnehmen). Frage: Bitte geben Sie an, wie häufig Sie persönlich die folgenden Dienste bzw. Anwendungen nutzen. Angaben in Prozent.

## Wie die Daten ausgewertet wurden

Die Befragungsdaten wurden in Zusammenarbeit mit dem Berliner Institut für Sozialforschung (BIS) mithilfe der Software R (R-Version 4.3.1, RStudio 2023.06.1 Build 524) ausgewertet. Dabei kamen verschiedene statistische Verfahren zum Einsatz: Einen Großteil der Auswertungen bildeten neben Häufigkeitsverteilungen bivariate Analysen in Form von Kreuztabellen und Korrelationen. In diesem Bericht werden nur signifikante Ergebnisse aus $Chi^2$-Tests berichtet – soweit nicht anders gekennzeichnet. Darüber hinaus wurden mehrere multivariate Analysen durchgeführt. Bei allen Analysen wurden die Daten gewichtet, um die Randverteilungen der Stichprobe anzupassen an diejenigen der Grundgesamtheit, die Wohnbevölkerung der Bundesrepublik Deutschland ab 12 Jahren. Im Gewichtungsfaktor wurden Haushaltsgröße, telefonische Erreichbarkeit, Bundesland, Alter, Geschlecht und formale Bildung berücksichtigt.
Die multivariaten Analysen sollten Antworten auf folgende Forschungsfragen geben:

- Gibt es einen statistischen Zusammenhang von Alter, Geschlecht und formaler Bildung mit der Einschätzung der eigenen Medien- und Digitalkompetenz und verändert sich dieser Zusammenhang, wenn Mediennutzung berücksichtigt wird?
- Gibt es einen statistischen Zusammenhang von Alter, formaler Bildung und Geschlecht mit der Einschätzung des eigenen KI-Wissens und wird dieser Zusammenhang durch die Mediennutzung moderiert?
- Gibt es einen statistischen Zusammenhang von Alter, Geschlecht und formaler Bildung mit der Einschätzung des Handelns mit KI und wird dieser Zusammenhang durch die Mediennutzung moderiert?

Dazu wurden jeweils lineare Regressionsmodelle berechnet mit Alter, formaler Bildung und Geschlecht als unabhängigen Variablen, Mediennutzung als Moderator und als abhängiger Variable entweder Einschätzung von Medien- und Digitalkompetenz, KI-Wissen oder Handeln mit KI.
Dazu musste aus der Frage zur Nutzung digitaler Anwendungen und Dienste ein Mittelwertindex gebildet werden (Cronbachs Alpha = 0.83). Ebenso wurden für die Einschätzung von medienbezogener Kompetenz (Cronbachs Alpha = 0.85), von Wissen über KI (Cronbachs Alpha = 0.78) sowie von Handeln mit KI (Cronbachs Alpha = 0.76) jeweils Mittelwertindizes berechnet.

## Was der Kompass aussagt und was nicht

Bevor in den folgenden Kapiteln ausgewählte Ergebnisse der Studie vorgestellt werden, sei an dieser Stelle darauf hingewiesen, was bei der Interpretation der Ergebnisse stets zu berücksichtigen ist. Im Rahmen der Studie wurde erhoben, wie kompetent sich Menschen im Umgang mit digitalen Medien und Systemen erleben. Darüber lassen sich nicht direkt Aussagen machen, inwiefern im Handeln der Menschen auch Medien- und Digitalkompetenz sichtbar wird. Studien (wie zum Beispiel Zell & Krizan, 2014) legen nahe, dass Selbstwahrnehmung und die tatsächliche Erfüllung von Aufgaben zwar zusammenhängen, jedoch immer die Möglichkeit der Unter- und Überschätzung besteht. Zell und Krizan (2014) sprechen Aspekte an, die dazu beitragen können, die Lücke zwischen Selbstwahrnehmung und der Ausführung von Aufgaben zu verringern. So werden beispielsweise konkrete, einfache und alltägliche Aufgaben exakter eingeschätzt als abstrakte, komplexe und unübliche. Aus dieser Perspektive erscheint es sinnvoll, den Befragten im Fragebogen die Möglichkeit einzuräumen, bei Kompetenzanforderungen auch angeben zu können, dass diese für sie nicht relevant sind (Zell & Krizan 2014, S. 113-114).
Die Gewichtung der Daten ist eine Möglichkeit, die Unter- oder Überrepräsentation bestimmter Gruppen zu korrigieren. Jedoch hat auch dieses Verfahren Grenzen.
Ein Vergleich mit den Ergebnissen vom *Kompass: Künstliche Intelligenz und Kompetenz 2022* kann aufgrund von Anpassungen im Fragebogen bei einzelnen Items und bei der Filterführung nicht über alle Items vollzogen werden. Dennoch kann gesagt werden, dass sich auf deskriptiver Ebene hinsichtlich der Einstellungen zu KI geringe Veränderungen zu 2021 feststellen lassen.
Auch Aussagen über KI bewerten die Befragten überwiegend ähnlich wie die Befragten 2021. Dennoch deuten kleine Unterschiede auf eine Veränderung und tendenziell etwas positivere Haltung der Bevölkerung zu digitalen Medien und KI hin.

# 4. Einstellungen gegenüber Künstlicher Intelligenz

Gegenstand des Kapitels sind Einstellungen zu KI. Der größte Anteil an Befragten ist (eher) überzeugt, dass die Menschen durch KI abhängiger von Technologie werden. Hingegen sind die wenigsten (eher) der Meinung, dass man den Empfehlungen von KI-Systemen in der Regel vertrauen kann. Ob KI Chance oder Risiko ist, darauf legen sich die meisten Befragten nicht fest. Sie sehen vielmehr sowohl Potenziale als auch Gefahren in KI – sowohl für ihr persönliches Leben als auch für die Gesellschaft.

## Worin sich die meisten einig sind: Größere Abhängigkeit von Technik wird kommen

Um Einstellungen gegenüber KI zu erheben, wurden die Befragten zunächst mit wertenden Aussagen über KI konfrontiert, zu denen sie Stellung beziehen sollten. Beispiele für negativ formulierte Aspekte sind etwa die Nutzung von KI, um Menschen zu manipulieren, eine erhöhte Abhängigkeit von Technologie, ein Verlust von Arbeitsplätzen durch KI sowie Diskriminierung und Frustration durch KI. Als positiv gerahmte Aspekte lassen sich hingegen Aussagen verstehen wie: KI bietet Möglichkeiten, Fehler zu vermeiden, kann eine Hilfe in der Medizin sein sowie einen mit Vorschlägen positiv überraschen. Auch Aussagen wie, „der Mensch wird immer die Kontrolle über Anwendungen mit KI behalten“ oder „den Empfehlungen von KI-Systemen kann man in der Regel vertrauen“, werden als positiv gerahmte Aspekte verstanden.

Generell neigen vergleichsweise mehr Studienteilnehmende dazu, negativ gerahmten Aussagen (eher) zuzustimmen. So stimmen 74 Prozent der Befragten eher oder voll zu, dass Menschen durch KI abhängiger von Technologie werden als bisher. Am wenigsten Befragte gehen davon aus, Empfehlungen von KI-Systemen vertrauen zu können. Dem stimmt nur ein Fünftel (eher) zu, während mehr als die Hälfte der Befragten eine ambivalente Meinung äußert (s. Abb. 3).

Allen negativ gerahmten Aussagen über KI stimmt jeweils eine Mehrheit der Befragten (eher) zu. Am höchsten ist die Zustimmung, wenn behauptet wird, dass die Menschen durch KI noch abhängiger von Technologie werden. Darauf folgen Annahmen, dass durch KI Arbeitsplätze verloren gehen, dass es durch KI zu Diskriminierung kommen kann sowie, dass KI-Systeme frustrieren, weil sie nicht machen, was man möchte. Schließlich stimmen noch 51 Prozent der Studienteilnehmenden der Aussage (eher) zu, KI werde genutzt, um Menschen zu manipulieren (s. Abb. 3).

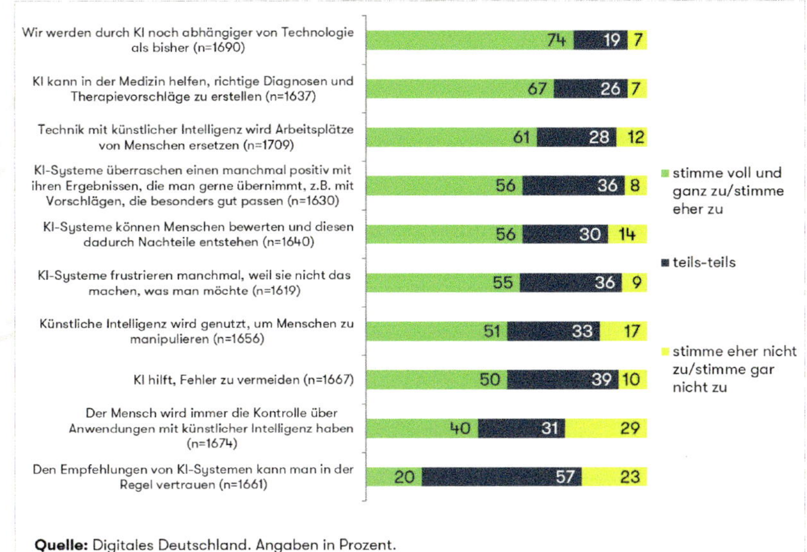


**Abbildung 3:** Einstellungen gegenüber Aussagen zu KI

Quelle: Digitales Deutschland; Grundgesamtheit Deutschsprachige Bevölkerung ab 12 Jahren, alle Befragten, die den Begriff KI kennen (Die Gruppengrößen sind der Grafik zu entnehmen). Frage: Künstliche Intelligenz ist mittlerweile auch in Gesellschaft, Politik und Wirtschaft ein Thema. Bitte geben Sie jeweils zu den folgenden Aussagen an, ob Sie diesen zustimmen, teils-teils zustimmen oder nicht zustimmen. Angaben in Prozent.

Vor allem ältere Menschen stimmen der Aussage zu, dass KI genutzt wird, um Menschen zu manipulieren. Während 27 Prozent der 12- bis 19-Jährigen dem (eher) zustimmen, sind es in den drei Altersgruppen ab 50 jeweils mehr als die Hälfte. Am meisten stimmen dem mit 65 Prozent (eher) Menschen zu, die zwischen 65 und 74 Jahre alt sind. Auch stimmen dem (eher) Männer (56 Prozent) zu als Frauen (45 Prozent).

61 Prozent der Befragten können sich (eher) vorstellen, dass KI-Technologien Arbeitsplätze ersetzen werden. Davon gehen vor allem Erwachsene mittleren Alters aus. Der höchste Wert findet sich hier mit 64 Prozent bei den 65- bis 74-Jährigen. Demgegenüber stimmen Jüngere (mit 56 Prozent) und Menschen ab 75 Jahren (mit 57 Prozent) dem tendenziell weniger zu. Auch bezüglich der formalen Bildung zeigen sich Unterschiede. Befragte mit einer formal hohen oder mittleren Bildung stimmen der Aussage, dass KI Arbeitsplätze ersetzen kann, eher zu (63 Prozent) als Menschen mit niedriger formaler Bildung (57 Prozent).

Können KI-Systeme Menschen bewerten, sodass diesen dadurch Nachteile entstehen? Davon gehen unter den Jüngsten vergleichsweise wenige aus. 27 Prozent stimmen dem (eher) zu. In den übrigen Altersgruppen stimmen dem jeweils deutlich mehr Befragte (eher) zu (50-64 Prozent). Vor allem die Jüngsten (60 Prozent) erleben Frust, wenn KI-Systeme nicht das machen, was sie möchten. Ähnlich wie beim Verlust von Arbeitsplätzen stimmen auch der Aussage zu möglicher Diskriminierung diejenigen (eher) zu, die über eine höhere formale Bildung verfügen. 65 Prozent der formal hoch Gebildeten stimmen dem (eher) zu, während es unter den Befragten mit formal niedriger Bildung 52 Prozent sind.

Nachdem bislang Einstellungen zu eher negativ gerahmten Aspekten bezüglich KI dargestellt wurden, soll der Fokus nun auf Einstellungen zu positiv gerahmten Aspekten liegen. Eine Mehrheit der Befragten stimmt (eher) zu, dass KI in der Medizin eine Unterstützung darstellen kann. Auch geben mehr als die Hälfte der Studienteilnehmenden an, dass KI-Systeme sie manchmal positiv überraschen. Exakt 50 Prozent der Befragten stimmen (eher) zu, dass KI helfen kann, Fehler zu vermeiden. Noch 40 Prozent gehen (eher) davon aus, dass der Mensch immer die Kontrolle über Anwendungen mit KI behalten wird. Dass man den Empfehlungen von KI-Systemen in der Regel vertrauen kann, gibt nur jede*r Fünfte (eher) an (s. Abb. 3).

Vor allem ältere Menschen glauben, dass KI in der Medizin Vorteile bringt. Während dem 59 Prozent der Jüngsten (eher) zustimmen, sind es bei Menschen, die mindestens 75 Jahre alt sind, 79 Prozent.

Demgegenüber sehen am ehesten die jüngeren Altersgruppen das Potenzial, mithilfe von KI Fehler zu vermeiden. Während in den drei Altersgruppen unter 50 Jahren dem jeweils mehr als die Hälfte (eher) zustimmen (54-60 Prozent), sind diese Anteile bei Befragten ab 50 Jahren geringer (41-47 Prozent). Zudem stimmen dem (mit 54 Prozent) mehr Männer (eher) zu als Frauen (46 Prozent). Auch entlang der formalen Bildung ergeben sich Unterschiede: Formal hoch Gebildete (57 Prozent) stimmen eher als Personen mit mittlerer und niedriger Bildung zu, dass KI helfen kann, Fehler zu vermeiden.

Zwei Aussagen stimmt eine Mehrheit der Befragten nicht zu. Das ist zum einen, dass der Mensch immer die Kontrolle über KI behalten wird. Rund 40 Prozent sind davon (eher) überzeugt. Dabei stimmen Menschen mit formal niedriger Bildung (eher) zu, dass der Mensch die Kontrolle behält. Während es in dieser Gruppe 48 Prozent sind, stimmen Menschen mit mittlerer und hoher formaler Bildung (mit jeweils 37 Prozent) weniger zu. Zum anderen antwortet eine Mehrheit von 57 Prozent mit teils/teils auf die Frage, inwiefern man Empfehlungen von KI-Systemen vertrauen kann. Mit zunehmendem Alter sinkt tendenziell das Vertrauen in die Empfehlungen von KI. Während dem 27 Prozent der Jüngsten (eher) vertrauen würden, sind es unter den 65- bis 74-Jährigen nur 13 Prozent.

## KI ist Chance und Risiko zugleich

Die Befragten sehen zum größten Teil sowohl Chancen als auch Risiken in KI – und das nicht nur in Bezug auf das eigene Leben, sondern auch auf die Gesellschaft als Ganzes. Gerade für das eigene Leben sehen aber auch (mit 37 Prozent) vergleichsweise viele Studienteilnehmende eher oder eindeutig eine Chance in KI.

Wie Menschen KI hinsichtlich des eigenen Lebens bewerten, unterscheidet sich in verschiedenen Bildungsgruppen sowie zwischen den Geschlechtern. So sehen Menschen mit niedriger formaler Bildung KI eher oder teilweise als Risiko. Im Gegensatz dazu nehmen Personen mit formal höherer Bildung KI (eher) als Chance wahr. Frauen bewerten KI häufiger als Männer ambivalent (s. Abb. 5).

Eine ambivalente Einschätzung (also sowohl als Chance als auch als Risiko) herrscht auch vor, wenn KI in Hinblick auf die Gesellschaft bewertet wird (s. Abb. 4). Menschen mit formal hoher Bildung sehen tendenziell (eher) Chancen in KI für die Gesellschaft gegenüber Menschen mit niedrigerer formaler Bildung. Ähnlich wie bei der Einschätzung von KI hinsichtlich des eigenen Lebens, sehen (mit 50 Prozent) Frauen auch für die Gesellschaft in höherem Maße sowohl Chancen als auch Risiken als Männer (mit 43 Prozent). Ähnlich viele Frauen wie Männer sehen eher oder eindeutig Chancen darin (s. Abb. 6).

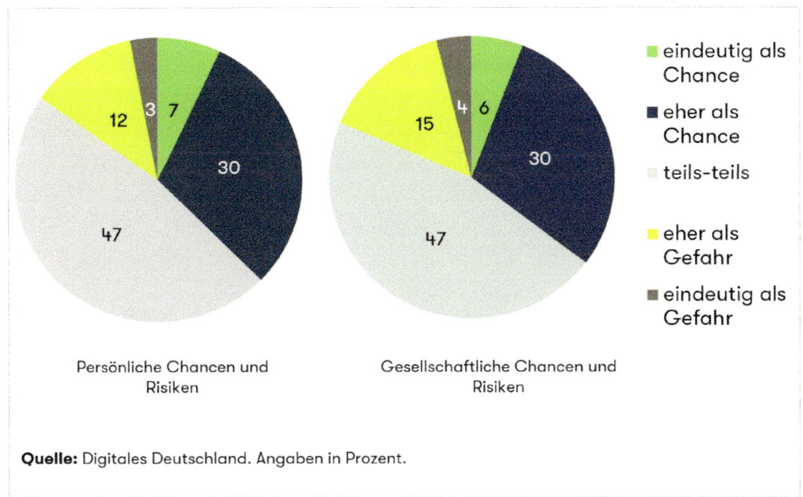


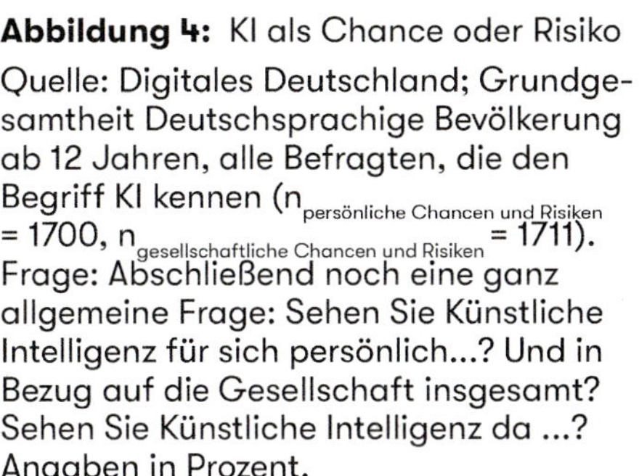

**Abbildung 4:** KI als Chance oder Risiko

Quelle: Digitales Deutschland; Grundgesamtheit Deutschsprachige Bevölkerung ab 12 Jahren, alle Befragten, die den Begriff KI kennen ($n_{\text{persönliche Chancen und Risiken}}$ = 1700, $n_{\text{gesellschaftliche Chancen und Risiken}}$ = 1711). Frage: Abschließend noch eine ganz allgemeine Frage: Sehen Sie Künstliche Intelligenz für sich persönlich...? Und in Bezug auf die Gesellschaft insgesamt? Sehen Sie Künstliche Intelligenz da ...? Angaben in Prozent.

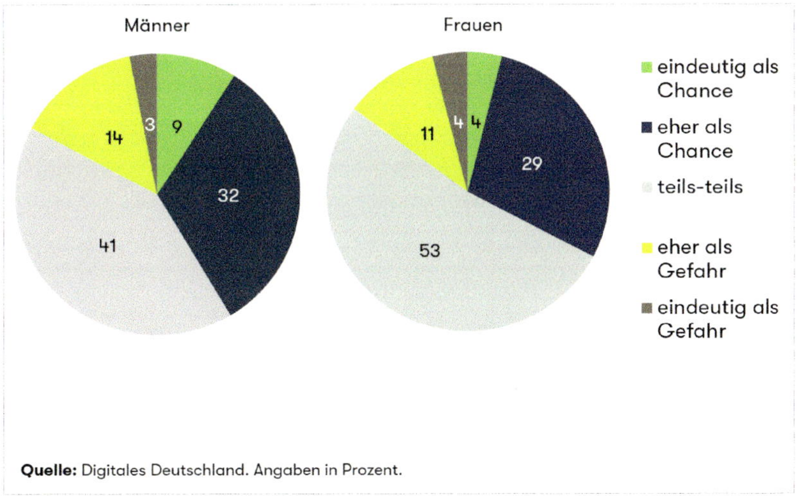


**Abbildung 5:** KI als persönliche Chance und/oder Risiko zwischen Männern und Frauen

Quelle: Digitales Deutschland; Grundgesamtheit Deutschsprachige Bevölkerung ab 12 Jahre, alle Befragten, die den Begriff KI kennen ($n_{\text{Männer}}$ = 870, $n_{\text{Frauen}}$ = 827). Frage: Abschließend noch eine ganz allgemeine Frage: Sehen Sie Künstliche Intelligenz für sich persönlich...? Angaben in Prozent.

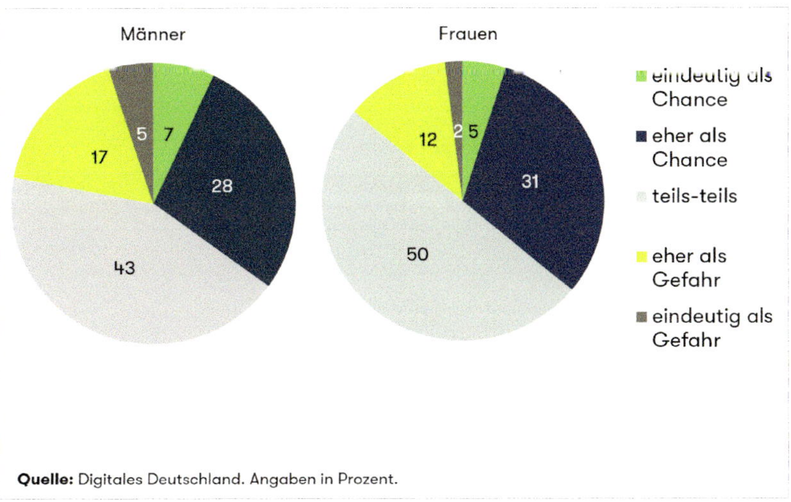


**Abbildung 6:** KI als gesellschaftliche Chance und/oder Risiko zwischen Männern und Frauen

Quelle: Digitales Deutschland; Grundgesamtheit Deutschsprachige Bevölkerung ab 12 Jahre, alle Befragten, die den Begriff KI kennen ($n_{\text{Männer}}$ = 876, $n_{\text{Frauen}}$ = 832). Frage: Und in Bezug auf die Gesellschaft insgesamt? Sehen Sie Künstliche Intelligenz da ...? Angaben in Prozent.

# 5. Assoziationen und Wissen

Im Folgenden steht im Fokus, wie die deutschsprachige Bevölkerung sich KI vorstellt und wie sie ihr Wissen zum Thema einschätzt. Häufig assoziieren die Studienteilnehmenden mit KI greifbare Objekte, wie zum Beispiel Roboter. Die Befragten haben zum Großteil eine vage Vorstellung von KI. Nur wenige bezeichnen sich als KI-Expert*innen. Während sich viele der Rolle der Menschen für KI-Systeme bewusst sind, wissen nur wenige, wie sie erkennen können, ob Unternehmen verantwortungsbewusst mit ihren Daten umgehen.

## Künstliche Intelligenz greifbar machen

Woran denkt die deutschsprachige Bevölkerung, wenn sie das Wort „Künstliche Intelligenz" hört? Die Befragten, die schon einmal von KI gehört oder gelesen haben, assoziieren mit KI vor allem Roboter und Hardware, wie zum Beispiel Computer oder Smartphones. Zum Teil verbinden sie mit KI direkt eine Wertung – seien es Chancen oder Risiken. Anwendungsbereiche wie Sprachassistenzsysteme oder autonomes Fahren werden vergleichsweise häufig mit KI verbunden. Die Befragten bringen KI aber auch mit unterschiedlichen Lebensbereichen in Verbindung, etwa Medizin, Arbeit, Haushalt, Pflege und Bildung.

## Eher vage Vorstellung von Künstlicher Intelligenz

Die meisten Befragten verfügen über ein eher vages Wissen bezüglich Künstlicher Intelligenz. So gibt eine Mehrheit (56 Prozent) an, in etwa zu wissen, was mit Künstlicher Intelligenz gemeint ist. Hingegen schätzt sich nur ein kleiner Teil von zwei Prozent der Befragten als KI-Expert*innen ein und 34 Prozent gehen davon aus, gut erklären zu können, was man unter KI versteht (s. Abb. 7).

Eine ähnliche Verteilung ergibt sich auch im Vergleich verschiedener Alters-, Geschlechts- und Bildungsgruppen (s. Abb. 8-10). Zwischen Männern und Frauen ergeben sich folgende Unterschiede: 64 Prozent der Frauen geben an, nur eine vage Vorstellung von KI zu haben und beinahe keine (0,3 Prozent) stuft sich als Expertin ein. Demgegenüber schätzt die Hälfte der Männer, dass sie in etwa wissen, was KI ist. Drei Prozent sehen sich als KI-Experten. Im Vergleich schätzt ein größerer Anteil der Jüngeren (gegenüber Älteren) das eigene KI-Wissen als gut ein.[11]

11 Diese Aussage bezieht sich nur auf deskriptive Befunde. Es kann zur Signifikanz des Ergebnisses in diesem Fall keine Aussage gemacht werden.

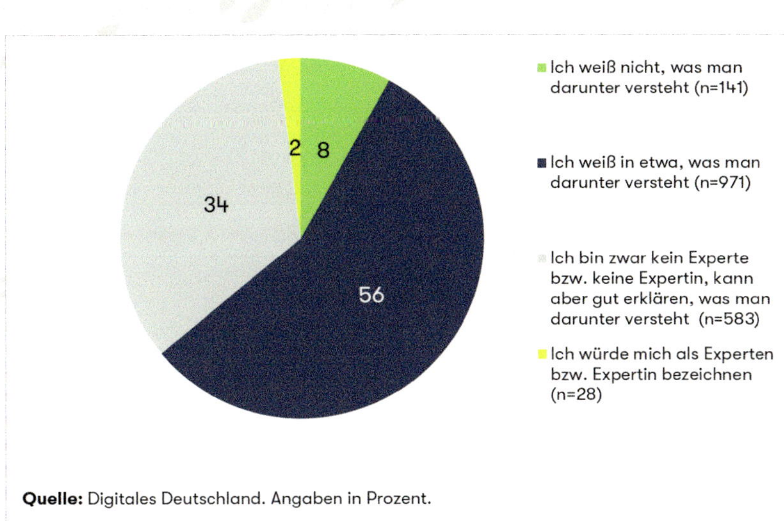


**Abbildung 7:** Selbsteinschätzung als KI-Expert*in

Quelle: Digitales Deutschland; Grundgesamtheit Deutschsprachige Bevölkerung ab 12 Jahren, alle Befragten, die den Begriff KI kennen (Die Gruppengrößen sind der Grafik zu entnehmen). Frage: Sagen Sie mir bitte, welche der folgenden Aussagen auf Sie zutrifft, wenn es um Künstliche Intelligenz geht? Angaben in Prozent.

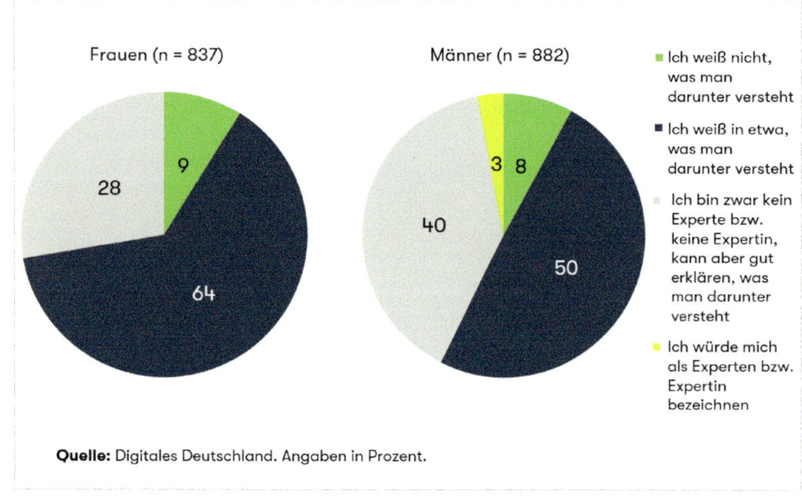


**Abbildung 8:** Selbsteinschätzung als KI-Expert*in zwischen Männern und Frauen

Quelle: Digitales Deutschland; Grundgesamtheit Deutschsprachige Bevölkerung ab 12 Jahren, alle Befragten, die den Begriff KI kennen (Die Gruppengrößen sind der Grafik zu entnehmen). Frage: Sagen Sie mir bitte, welche der folgenden Aussagen auf Sie zutrifft, wenn es um Künstliche Intelligenz geht? Angaben in Prozent.

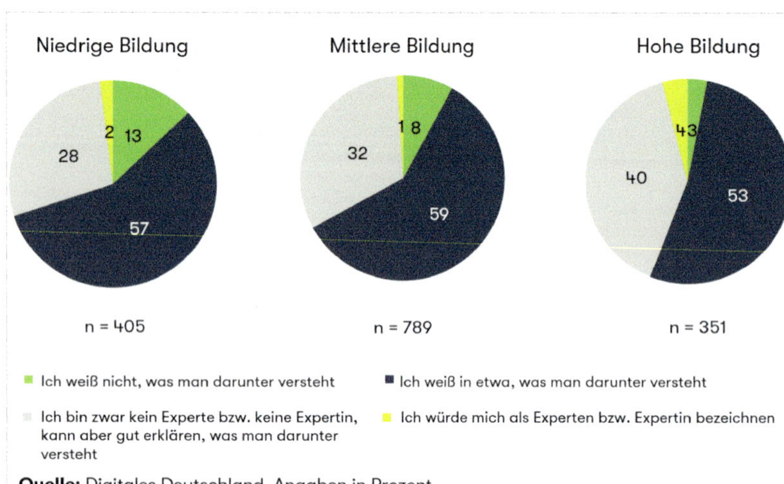


**Abbildung 9:** Selbsteinschätzung als KI-Expert*in nach formaler Bildung

Quelle: Digitales Deutschland; Grundgesamtheit Deutschsprachige Bevölkerung ab 12 Jahren, alle Befragten, die den Begriff KI kennen (Die Gruppengrößen sind der Grafik zu entnehmen). Frage: Sagen Sie mir bitte, welche der folgenden Aussagen auf Sie zutrifft, wenn es um Künstliche Intelligenz geht? Angaben in Prozent.

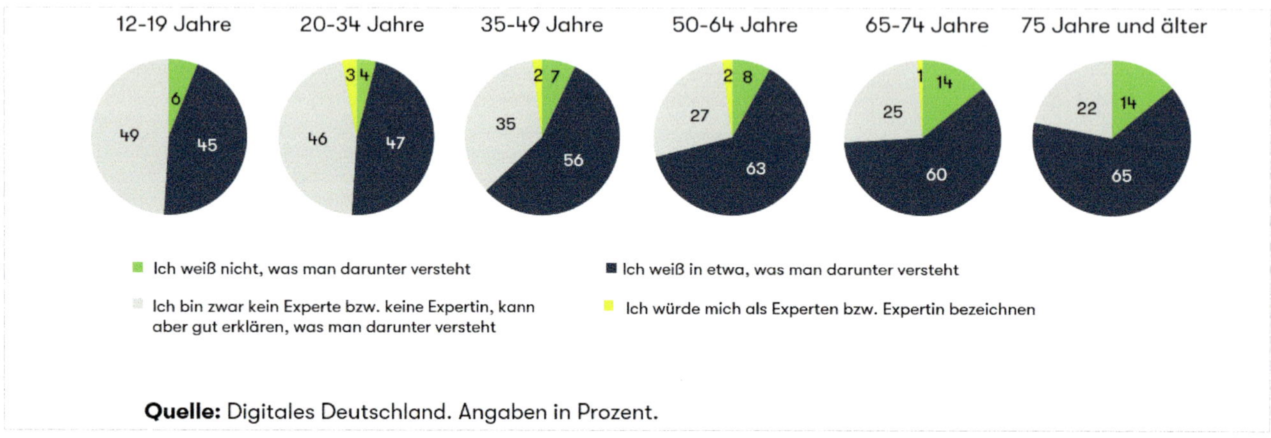


**Abbildung 10:** Selbsteinschätzung als KI-Expert*in nach Alter

Quelle: Digitales Deutschland; Grundgesamtheit Deutschsprachige Bevölkerung ab 12 Jahren, alle Befragten, die den Begriff KI kennen ($n_{12\text{-}19\ Jahre}$ = 132, $n_{20\text{-}34\ Jahre}$ = 359, $n_{35\text{-}49\ Jahre}$ = 386, $n_{50\text{-}64\ Jahre}$ =449, $n_{65\text{-}74\ Jahre}$ = 201, $n_{75\ Jahre\ und\ älter}$ = 194). Frage: Sagen Sie mir bitte, welche der folgenden Aussagen auf Sie zutrifft, wenn es um Künstliche Intelligenz geht? Angaben in Prozent.

## Weithin bekannt: Die Rolle von Menschen beim Programmieren von KI

Neben der oben dargestellten allgemeinen Frage wurden sieben spezifischere Fragen zum Thema KI formuliert, um einschätzen zu können, wie die Befragten ihr Wissen über KI bewerten. Hier geben (mit 85 Prozent) die meisten an, zu wissen, dass Menschen eine wichtige Rolle beim Programmieren von KI-Systemen spielen. Bei insgesamt vier Aspekten schätzt eine Mehrheit das eigene Wissen als eher oder sehr gut ein. Das sind das Wissen um die Rolle von Menschen beim Programmieren von KI, Wissen darüber, dass KI-Systeme aus Daten lernen, wie man eigene Spuren aus dem Internet löscht, sowie Wissen über ethische Probleme von KI. Doch in welchen Geräten steckt eigentlich KI? Und wie funktioniert maschinelles Lernen? Das weiß nach eigener Angabe nur eine Minderheit der Befragten (eher). Etwa jede*r Dritte gibt jeweils an, dies zum Teil zu wissen. Bei beiden Fragen geben insgesamt in etwa ähnlich viele Studienteilnehmende an, dies (eher) zu wissen, teilweise zu wissen wie auch es (eher) nicht zu wissen. Am wenigsten präsent ist den Befragten nach eigener Aussage, woran sie erkennen können, ob Unternehmen verantwortungsbewusst mit ihren Daten umgehen (s. Abb. 11).

Jüngere und ältere Studienteilnehmende bewerten ihr Wissen hinsichtlich dieser sieben Fragen zu KI unterschiedlich. Im Folgenden werden die verschiedenen Wissensbereiche dahingehend dargestellt, wo Unterschiede bezüglich des Alters bestehen. Besonders deutlich werden Unterschiede, wenn es um das Wissen geht, eigene Spuren im Internet zu löschen. Während dies eine Mehrheit von 68 Prozent der 20- bis 34-Jährigen nach eigener Aussage (eher) weiß, sind es bei Menschen ab 75 Jahren (mit 31 Prozent) deutlich weniger. Menschen verschiedenen Alters unterscheiden sich zudem deutlich hinsichtlich des Wissens darüber, dass KI-Systeme aus Daten lernen. Erwachsene zwischen 20 und 49 Jahren sind sich dessen eher bewusst als andere Altersgruppen.

Jüngere gaben häufiger als andere Altersgruppen an, zu wissen, in welchen technischen Geräten KI steckt. Während 45 Prozent der 20- bis 34-Jährigen angeben, dies (eher) zu wissen, sind es lediglich 21 Prozent unter Menschen, die mindestens 75 Jahre alt sind. Hingegen wissen nach eigener Angabe vor allem Erwachsene (zwischen 35 und 49 Jahren), wie maschinelles Lernen funktioniert. Geringer fallen Unterschiede in den soziodemografischen Gruppen bei folgenden Fragen aus: zu wissen, woran man erkennt, ob Unternehmen verantwortungsbewusst mit den eigenen Daten umgehen, dass Menschen eine wichtige Rolle beim Programmieren von KI spielen und welche ethischen Probleme KI mit sich bringt. In allen Altersgruppen weiß eine deutliche Mehrheit, dass Menschen eine wichtige Rolle beim Programmieren von KI spielen. Demgegenüber weiß in den sechs Altersgruppen jeweils nur eine Minderheit, woran man erkennt, ob Unternehmen verantwortungsvoll mit den eigenen Daten umgehen. Hierin bewerten sich Personen unter 50 Jahren im Vergleich positiver. Unter Erwachsenen zwischen 20 und 49 Jahren trauen sich die im Vergleich aller Altersgruppen jeweils größten Anteile Wissen darüber zu, welche ethischen Probleme KI mit sich bringt (s. Abb. 12).

In den Ergebnissen werden auch geschlechtsspezifische Unterschiede sichtbar. So schätzt sich bei den spezifischen Fragen nach KI-Wissen ein größerer Anteil an Männern als (eher) gut ein im Vergleich zu Frauen – mit Ausnahme

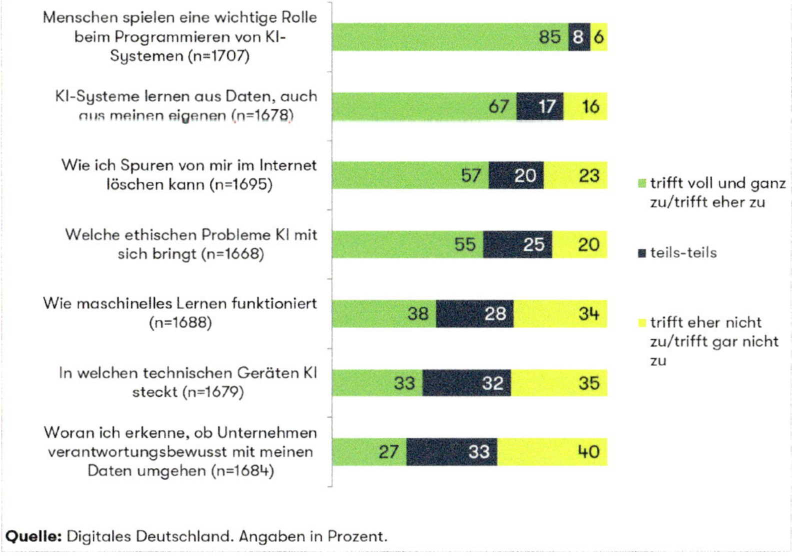

**Quelle:** Digitales Deutschland. Angaben in Prozent.

**Abbildung 11:** Selbsteinschätzung bezüglich spezieller Wissensfragen zu KI

Quelle: Digitales Deutschland; Grundgesamtheit Deutschsprachige Bevölkerung ab 12 Jahren, alle Befragten, die den Begriff KI kennen (Die Gruppengrößen sind der Grafik zu entnehmen). Frage: Ich habe hier noch ein paar Aussagen zu Künstlicher Intelligenz. Bitte geben Sie jeweils an, inwiefern das Folgende auf Sie zutrifft. Ich weiß, ... Angaben in Prozent.

von zwei Fragen, nämlich, woran man erkennt, ob Unternehmen verantwortungsvoll mit den eigenen Daten verfahren, und, dass Menschen eine wichtige Rolle beim Programmieren von KI-Systemen spielen. Bei diesen Fragen zeigen sich keine signifikanten Unterschiede. Demgegenüber werden Unterschiede zwischen den Geschlechtern vor allem deutlich bei Fragen nach dem Löschen von Spuren im Internet oder danach, in welchen Geräten KI steckt. Während 63 Prozent der Männer angeben, ersteres (eher) zu wissen, ist es bei den Frauen lediglich die Hälfte. Ähnlich verhält es sich auch mit Unterschieden bezüglich der formalen Bildung. Auch hier zeigen sich bei der Frage nach dem verantwortungsvollen Umgang von Unternehmen mit Daten keine signifikanten Unterschiede. Hingegen schätzt sich bei den übrigen Fragen stets der größte Anteil an Menschen mit formal hoher Bildung als (eher) gut ein. Besonders deutlich wird dies am Wissen darüber, dass KI aus Daten lernt. Dies (eher) zu wissen geben 75 Prozent der formal hoch Gebildeten an. Unter formal niedrig Gebildeten sind es 57 Prozent.

Im Vergleich der Berufe schätzen oftmals am meisten Beschäftigte in der IT ihr Wissen über KI als (eher) gut ein. Eine Ausnahme bildet der Aspekt „Menschen spielen eine wichtige Rolle beim Programmieren von KI-Systemen". Mehr als 80 Prozent der Lehrkräfte, Angestellten im öffentlichen Dienst und der ITler*innen geben an, das (eher) zu wissen. Mit 88 Prozent traut sich dieses Wissen der größte Teil an Beschäftigten in der schulischen Bildung zu. In allen Tätigkeitsfeldern scheint es eine Herausforderung zu sein, zu wissen, woran man erkennen kann, ob Unternehmen verantwortungsbewusst mit den eigenen Daten umgehen. Denn in keiner Berufsgruppe geht eine Mehrheit davon aus, über dieses Wissen zu verfügen (s. Abb. 13).

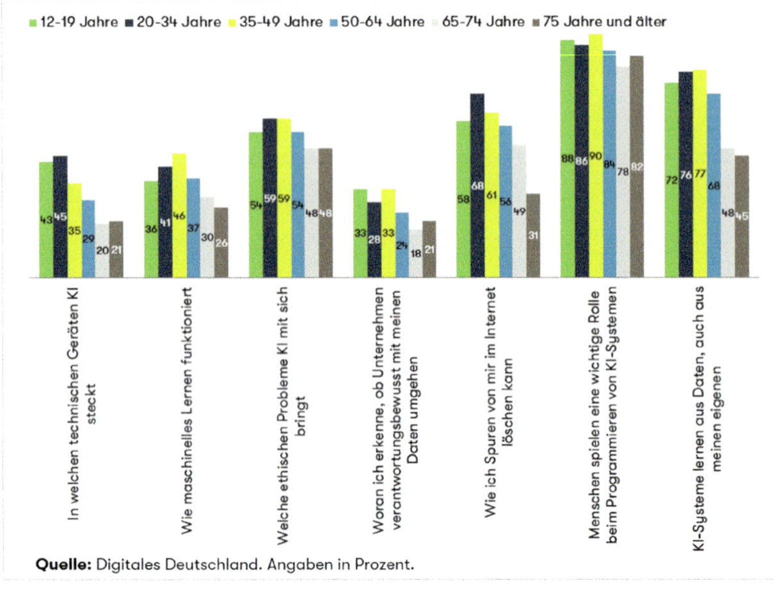


**Abbildung 12:** Selbsteinschätzung bezüglich spezieller Wissensfragen zu KI nach Alter

Quelle: Digitales Deutschland; Grundgesamtheit Deutschsprachige Bevölkerung ab 12 Jahren, alle Befragten, die den Begriff KI kennen ($n_{12\text{-}19\ Jahre}$ = 127-132, $n_{20\text{-}34\ Jahre}$ = 356-359, $n_{35\text{-}49\ Jahre}$ = 377-384, $n_{50\text{-}64\ Jahre}$ =437-449, $n_{65\text{-}74\ Jahre}$ = 191-200, $n_{75\ Jahre\ und\ älter}$ = 172-186). Frage: Ich habe hier noch ein paar Aussagen zu Künstlicher Intelligenz. Bitte geben Sie jeweils an, inwiefern das Folgende auf Sie zutrifft. Ich weiß, ... Angaben in Prozent (trifft voll und ganz zu/trifft eher zu).

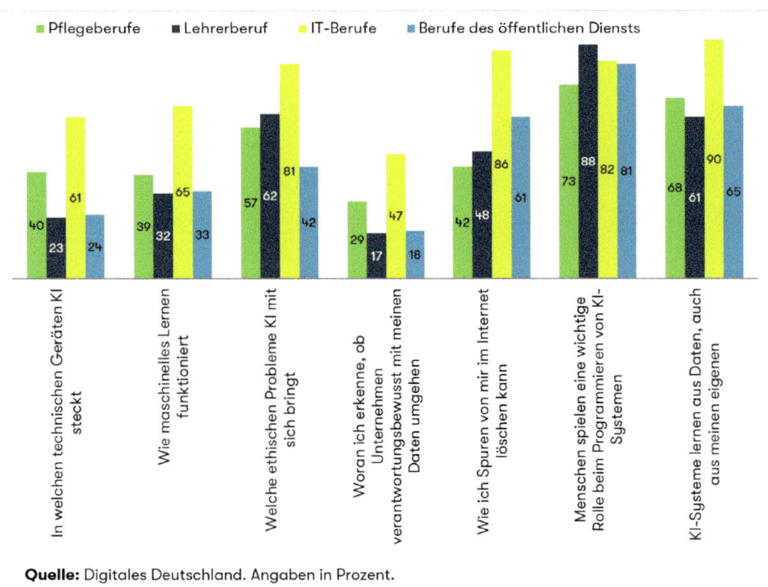


**Abbildung 13:** Selbsteinschätzung bezüglich spezieller Wissensfragen zu KI nach Berufsgruppen

Quelle: Digitales Deutschland; Grundgesamtheit Deutschsprachige Bevölkerung ab 12 Jahren, alle Befragten, die den Begriff KI kennen ($n_{Pflegeberufe}$ = 66 - 69, $n_{Lehrerberuf}$ = 61 - 65, $n_{IT\text{-}Berufe}$ = 55 - 57, $n_{Berufe\ des\ öffentlichen\ Diensts}$ = 60 - 67). Frage: Ich habe hier noch ein paar Aussagen zu Künstlicher Intelligenz. Bitte geben Sie jeweils an, inwiefern das Folgende auf Sie zutrifft. Ich weiß, ... Angaben in Prozent (trifft voll und ganz zu/trifft eher zu).

# 6. Handeln mit KI

Im Fokus dieses Kapitels steht zum einen, welche KI-Systeme die deutschsprachige Bevölkerung im Alltag häufig nutzt, und zum anderen, wie kompetent sie sich im Umgang mit solchen Systemen erlebt, und wie wichtig ihnen dieser ist. Das Smartphone ist das KI-System, welches die Befragten spontan am häufigsten angeben. Bei der Auswahl zwischen Suchmaschinen, Social Media, Streaming-Diensten, Online-Shopping, Routeninformationen und Sprachassistenzsystemen wird die Suchmaschine besonders häufig als die meistgenutzte Anwendung mit KI ausgewählt. Die meisten Befragten sind überzeugt, Einfluss auf Vorschläge von KI-Systemen zu haben und eine Online-Suche ändern zu können. Eine hohe Relevanz messen die Befragten im Umgang mit KI besonders der Risikoerkennung und dem Datenschutz zu.

## Das Smartphone als alltägliches KI-System

Um den Begriff KI den Befragten greifbarer zu machen, wurden alle Befragten, die den Begriff KI kennen, zunächst gebeten, spontan anzugeben, welches KI-System sie in ihrem Alltag am häufigsten benutzen. Auf diese Einstiegsfrage gaben die Befragten vor allem das Smartphone als ihr alltägliches KI-System an. Darauf folgten Sprachassistenzsysteme und Suchmaschinen. Die spontanen Angaben beziehen sich auf unterschiedliche Lebensbereiche: Beispielsweise nannten einige KI-Systeme im Arbeitsumfeld, andere bezogen sich auf Haushaltsgeräte wie zum Beispiel Staubsaugerroboter. Zudem dachten die Studienteilnehmenden sowohl an Geräte (wie Computer, Tablet, Smartwatch etc.) als auch an Anwendungen wie Bildbearbeitungs-/ oder Bildergenerierungsprogramme, Streaming-Dienste, Navigationssysteme etc.
Anschließend sollten die Befragten ihr KI-System einem von sechs vorgegebenen Anwendungsbereichen zuordnen. So konnten Angaben noch konkretisiert werden. Für den Fall, dass ihnen kein Bereich passend erschien, konnten sie auch offen antworten. Hier wählten die Befragten am häufigsten Suchmaschinen aus. Den zweiten Platz nehmen mit 19 Prozent Sprachassistenzsysteme ein. Ungefähr ein Zehntel gibt Social Media an (s. Abb. 14).
Wie bereits in der Einführung beschrieben, bildet Handeln mit Medien einen Teil von Kompetenz – neben Wissen und Reflexion. Nachdem Wissen in Kapitel fünf im Fokus stand, soll es im Folgenden um Handeln mit KI (als ein Bestandteil von Kompetenz) gehen.

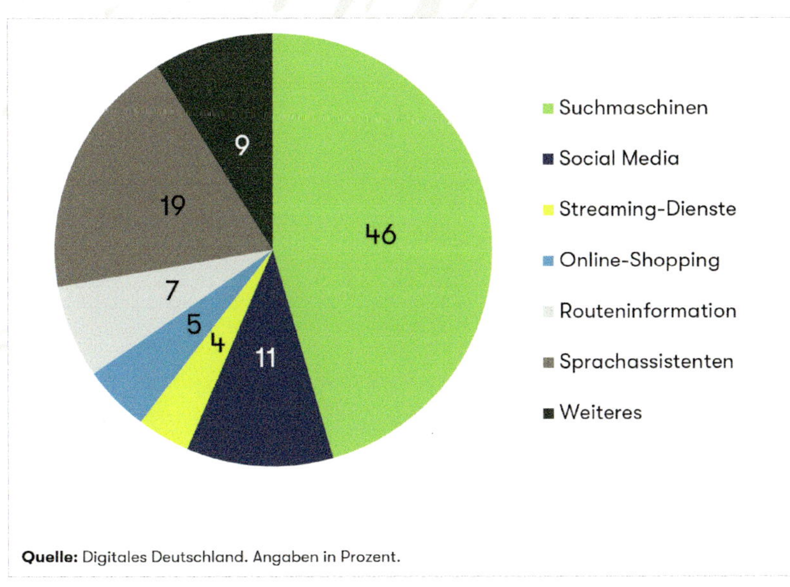


**Quelle:** Digitales Deutschland. Angaben in Prozent.

**Abbildung 14:** Kategorien für KI-Systeme
Quelle: Digitales Deutschland; Grundgesamtheit Deutschsprachige Bevölkerung ab 12 Jahren, alle, die ein KI-System benannt haben ($n_{Suchmaschinen}$ = 350, $n_{Social Media}$ = 83, $n_{Streaming\text{-}Dienste}$ = 28, $n_{Online\text{-}Shopping}$ = 34, $n_{Routeninformation}$ = 55, $n_{Sprachassistenten}$ = 143, $n_{Weiteres}$ = 66). Frage: Welcher Kategorie würden Sie Ihr ausgewähltes KI-System zuordnen? Angaben in Prozent.

## Datenschutz und Risikoerkennung zentral für Handeln mit KI

Eine Mehrheit (von 66 Prozent) der Befragten, traut sich (eher) zu, gezielt Einfluss auf das nehmen zu können, was ein KI-System vorschlägt. Mit zunehmendem Alter schätzt sich ein immer geringerer Anteil darin als (eher) gut ein. Während 79 Prozent der 12- bis 19-Jährigen sich bei dieser Anforderung als (eher) kompetent erleben, sind es bei Menschen im höheren Lebensalter (in diesem Fall ab 75 Jahren) nur 45 Prozent.[12] Aus einer Gegenüberstellung, wie kompetent Menschen sich erleben und wie wichtig ihnen bestimmte Fähigkeiten sind, können Handlungsbedarfe abgeleitet werden. Denn wenn Kompetenzträger*innen Fähigkeiten als wichtig bewerten, kann dies darauf verweisen, dass sie in Form eines Soll-Zustands auch erreicht werden wollen. Wie sieht das im Kontext von KI aus? Während viele Befragte nach eigener Einschätzung Vorschläge von KI-Systemen (eher) gut beeinflussen können, wird die Fähigkeit von einem etwas geringeren Teil als (eher) relevant beurteilt. Dies ist ein Gegensatz zu den übrigen drei Anforderungen (s. Abb. 15). 60 Prozent der Studienteilnehmenden finden es (eher) wichtig, dass Menschen in der Lage sind, Einfluss auf Vorschläge von KI-Systemen zu nehmen. Dies scheint im Vergleich der Altersgruppen eher Personen unter 50 Jahren ein Anliegen zu sein.

12 Diese Aussage bezieht sich nur auf deskriptive Befunde. Zur Signifikanz des Ergebnisses kann in diesem Fall keine Aussage gemacht werden.

So stimmen 65 Prozent der 35- bis 49-Jährigen dem zu, während es bei Menschen ab 75 Jahren 51 Prozent sind.

Eine Mehrheit der Befragten kommt ebenfalls damit zurecht, eine Suche (wenn die Ergebnisse von KI-Systemen nicht den eigenen Erwartungen entsprechen) so zu ändern, dass sie zu einem befriedigenden Ergebnis führt. 65 Prozent der Studienteilnehmenden können dies nach eigener Angabe eher oder sehr gut. Auch hierin schätzen sich eher Jüngere – insbesondere 20- bis 34-Jährige – als (eher) gut ein. 75 Prozent der 20- bis 34-Jährigen erleben sich darin als (eher) kompetent. In allen Altersgruppen traut sich dies jedoch eine Mehrheit (eher) zu – mit einer Ausnahme. Nur 34 Prozent der Personen, die älter als 74 Jahren sind, trauen sich das Ändern einer Suche (eher) zu. Anders als bei der vorigen Anforderung bewerten es mehr Befragte als (eher) wichtig, eine Suche ändern zu können, als sich dies (eher) zutrauen. 75 Prozent der Befragten ist dies (eher) wichtig.

Im Daten schützen fühlen sich (mit 46 Prozent) weniger Befragte (eher) kompetent. Vor allem die Jüngsten trauen sich (eher) zu, die eigenen Daten zu schützen. 58 Prozent der 12- bis 19-Jährigen geben an, dies (eher) zu können. In den fünf älteren Gruppen schätzt sich darin jeweils weniger als die Hälfte als (eher) kompetent ein. Die prozentualen Anteile variieren zwischen 48 und 37 Prozent. Obgleich sich nur eine Minderheit beim Thema Datenschutz als (eher) kompetent erlebt, hat diese Fähigkeit für die meisten (92 Prozent) eine (große) Bedeutung.

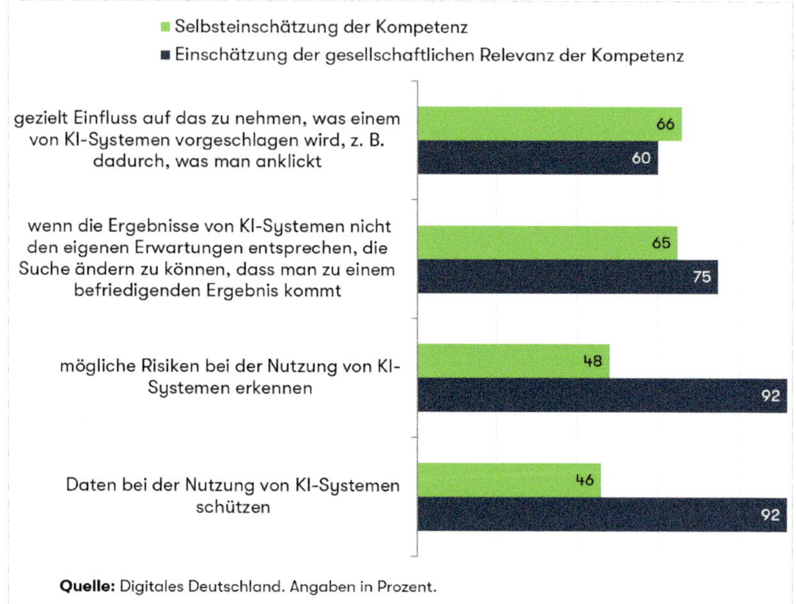


**Abbildung 15:** Selbsteinschätzung der Kompetenzen vs. Wichtigkeit der Kompetenzen

Quelle: Digitales Deutschland; Grundgesamtheit Deutschsprachige Bevölkerung ab 12 Jahren, bei Selbsteinschätzung: alle, die ein KI-System benannt haben, bei Relevanzeinschätzung: alle Befragten, die den Begriff KI kennen (n = 761 - 1699). Frage: Ich lese Ihnen jetzt Aussagen zu KI-Systemen vor. Bitte geben Sie jeweils an, wie gut Sie dies können, wenn Sie an Ihre eigenen Fähigkeiten denken. Denken Sie dabei an das KI-System, das Sie in Ihrem Alltag am häufigsten nutzen. Wenn Ihnen das KI-System diese Möglichkeit nicht bietet, sagen Sie das bitte. Nun interessiert uns, wie wichtig es Ihrer Meinung nach ist, dass Menschen heutzutage in der Lage sind, ...? Angaben in Prozent (sehr gut/eher gut bzw. sehr wichtig/eher wichtig).

Ähnlich wie mit dem Datenschutz verhält es sich auch mit der Anforderung, Risiken von KI-Systemen erkennen zu können: Eine knappe Minderheit (48 Prozent) der Befragten geben an, Risiken von KI-Systemen (eher) erkennen zu können. Wiederum schätzen sich darin eher Jüngere als (eher) gut ein. So geben 72 Prozent der Jüngsten an, Risiken (eher) erkennen zu können. Bei den Ältesten sind es 30 Prozent. Darüber hinaus schätzen sich 67 Prozent der Beschäftigten aus der IT darin, Risiken bei der Nutzung von KI-Systemen zu erkennen, als (eher) gut ein. In anderen Berufsfeldern sind es deutlich weniger: In der Pflege geben dies 43 Prozent der Befragten an, in der schulischen Bildung 35 Prozent und im öffentlichen Dienst 23 Prozent.[13] Wie beim Datenschutz kommt auch der Fähigkeit, Risiken einschätzen zu können, eine (hohe) Relevanz zu.

13 Diese Aussage bezieht sich nur auf deskriptive Befunde. Zur Signifikanz des Ergebnisses kann in diesem Fall keine Aussage gemacht werden.

# 7. Kompetenzen für ein souveränes Leben in der digital vernetzten Welt

Menschen erleben sich je nach Kompetenzanforderung unterschiedlich kompetent und befinden verschiedene Anforderungen auch als unterschiedlich wichtig. Während sich ein Großteil in der Bevölkerung darin als gut einschätzt, online den eigenen Wünschen entsprechend passende Informationen zu finden, trauen sich vergleichsweise wenige zu, kreative Inhalte zu erstellen oder selbstständig technische Probleme zu beheben. Als gesellschaftlich relevant werden vor allem Fähigkeiten erachtet, im Netz zu erkennen, wem man vertrauen kann und wie man die eigenen Online-Daten schützt.

Wie kompetent erleben sich Menschen, die das Internet regelmäßig nutzen,[14] im Umgang mit digitalen Medien? Und wie wichtig sind ihnen unterschiedliche medienbezogene Kompetenzen? Das sind zentrale Fragen dieses Kapitels. Aus der Selbsteinschätzung lassen sich zum einen Handlungsbedarfe für die Politik und zum anderen Anknüpfungspunkte für die pädagogische Arbeit ableiten.

14 Nicht- und Wenignutzer*innen digitaler Medien und Systeme wurden nicht danach gefragt, wie gut sie ihre medienbezogenen Fähigkeiten einschätzen und wie wichtig ihnen diese sind. Die Befragten sollten mit diesen Fragen nicht überfordert werden. Denn digitale Medien und Systeme haben in ihrer Lebenswelt vermutlich keine große Bedeutung.

## Deutliche Unterschiede je nach Anforderung

Die Befragten wurden mit zwölf allgemeinen sowie vertiefend mit fünf datenschutzbezogenen Kompetenzanforderungen konfrontiert. Die hier skizzierten Kompetenzanforderungen bezogen sich auf den Umgang mit jeglichen digitalen Medien. Damit sind sie breiter gefächert als es die Anforderungen in Kapitel sechs waren. Denn diese sollten Anforderungen abbilden, die in Bezug zu KI eine besondere Relevanz besitzen. Zunächst widmen wir uns den allgemeinen Kompetenzanforderungen.
Die Befragten schätzen sich unterschiedlich ein, je nachdem, welche Kompetenzanforderung sie vor Augen haben (s. Abb. 16).
Doch worin erleben sich die Menschen als besonders kompetent und worin gerade nicht? Mit 86 Prozent trauen sich die meisten Befragten (eher) zu, dass sie online passende Informationen finden können. Anders sieht es bei kreativen Fähigkeiten aus. Weniger als die Hälfte der Befragten (46 Prozent) bewerten ihre Fähigkeiten als eher oder sehr gut, wenn es darum geht, selbst kreative Inhalte zu erstellen. Ähnlich äußern sie sich in Bezug auf das selbstständige Beheben technischer Probleme. Diese beiden zuletzt genannten Fähigkeiten sind diejenigen, bei denen im Ver-

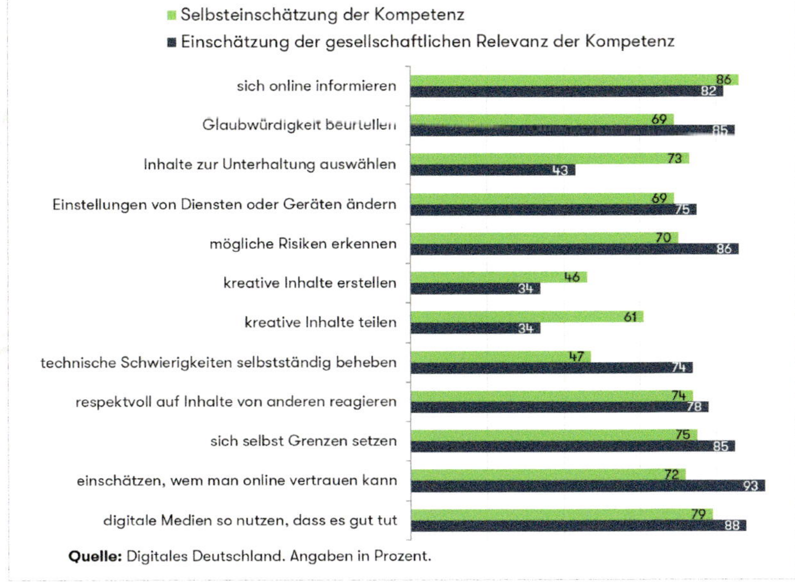


**Abbildung 16:** Selbsteinschätzung und Wichtigkeit von Medien- und Digitalkompetenz

Quelle: Digitales Deutschland; Grundgesamtheit Deutschsprachige Bevölkerung ab 12 Jahren, regelmäßige Internetnutzer*innen (n = 1552 - 1795). Frage: Im Folgenden geht es darum, wie Sie selbst Ihre Kompetenzen bei der Nutzung digitaler Medien einschätzen. Sagen Sie mir bitte zu den folgenden Dingen, wie gut Sie das können. Falls Sie dies nicht tun, sagen Sie, dass es nicht auf Sie zutrifft. Nun interessiert uns, wie wichtig es Ihrer Meinung nach ist, dass Menschen heutzutage in der Lage sind, ...? Angaben in Prozent (sehr gut/eher gut bzw. sehr wichtig/eher wichtig).

gleich der zwölf skizzierten Anforderungen die meisten Menschen Unsicherheiten erleben.
Als wie wichtig die Befragten unterschiedliche Facetten von Medien- und Digitalkompetenz einschätzen, gibt Aufschluss darüber, inwiefern diese für sie Bedeutung für die Gesellschaft und darüber auch für ihr eigenes Leben – in Form eines Soll-Zustands – haben. Die Studienteilnehmenden messen manchen Anforderungen deutlich mehr Bedeutung zu als anderen. Diese Relevanzeinschätzungen unterscheiden sich deutlicher als die Einschätzungen der eigenen Fähigkeiten. Eine Mehrheit der Kompetenzanforderungen scheint für viele (in diesem Fall mehr als 80 Prozent der Befragten) eher oder sehr wichtig zu sein. Darunter finden sich vor allem Fähigkeiten aus kognitiven, kritisch-reflexiven, aber auch sozialen und affektiven Kompetenzdimensionen. An erster Stelle steht das Thema Vertrauen, das heißt, dass Menschen erkennen können, wem sie im Netz trauen können. Dies ist für 93 Prozent der Befragten ein eher oder sehr relevantes Thema. Hingegen bewerten nur 34 Prozent das Erstellen kreativer Inhalte als (eher) wichtig. Auch das Teilen solcher Inhalte sowie das Auswählen von Inhalten, um sich zu unterhalten, befindet eine Minderheit als eher oder sehr wichtig.
Es hält sich die Vorstellung, dass jüngere Menschen (oft als „digital natives" bezeichnet) mit digitalen Medien und Systemen kompetenter umgehen als Ältere (Deutsch & Kuhn 2019, S. 38-40). Die Ergebnisse dieser Studie bilden zwar nicht ab, inwiefern Menschen kompetent handeln, jedoch schon, inwiefern sie sich als kompetent erleben. Hier gilt es festzuhalten: Nicht immer schätzen unter den Jüngsten die meisten ihre Fähigkeiten als gut ein. Vielmehr ergeben sich aus einem Vergleich von sechs Altersgruppen verschiedene Tendenzen. Mehr Jüngere schätzen sich beispielsweise im Vergleich zu Älteren darin, kreative Inhalte zu teilen, als (eher) gut ein. Hingegen nimmt ein größerer Anteil an Älteren sich beim Grenzen setzen als (eher) gut wahr.
In der multivariaten Analyse[15] zeigt sich zwar, dass Jüngere sich als kompetenter erleben als Ältere. Dieser Unterschied schwächt sich jedoch ab, wenn die Nutzung digitaler Anwendungen in das Modell mit einbezogen wird (s. Abb. 17). Das bedeutet, jüngere Menschen schätzen sich nicht per se als kompetenter ein, sondern hauptsächlich deshalb, weil sie mehrere digitale Medien (häufiger) nutzen. Ähnliches zeigt sich auch in Hinblick auf die Einschätzung des eigenen KI-Wissens sowie (tendenziell) das Handeln mit KI.
Soweit ein erster Überblick dazu, bei welchen Anforderungen sich die meisten/wenigsten Befragten als kompetent erleben oder diese als wichtig erachten. Im Folgenden stehen die verschiedenen Facetten von Medien- und Digitalkompetenz im Detail im Fokus.

## Tücken der Technik

Knapp die Hälfte der Befragten traut sich zu, technische Probleme selbstständig zu lösen. 47 Prozent geben an, dies eher oder sehr gut zu können, wobei dies ein Großteil (von 74 Prozent) als eher oder sehr wichtig befindet. An diesem Beispiel wird eine Tendenz besonders deutlich, die für die meisten Kompetenzanforderungen gilt: Menschen ist eine Fähigkeit wichtig, sie erleben sich gerade darin aber als eher weniger kompetent (s. Abb. 16). Eine Ausnahme davon bilden die abgefragten kreativen Fähigkeiten.
Aber nicht nur Wichtigkeit und Selbsteinschätzung klaffen bei technischen Fragen auseinander. Es ergeben sich auch deutliche Altersunterschiede.

15 Es wurden jeweils robuste Standardfehler berechnet.

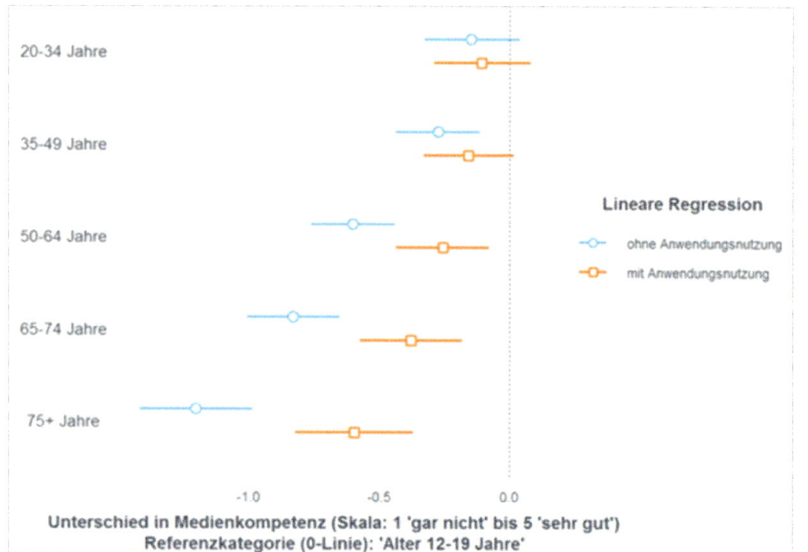


**Abbildung 17:** Multivariate Ergebnisse zu Medien- und Digitalkompetenz

Mit zunehmendem Alter schätzen sich weniger Befragte darin, technische Probleme zu meistern, als fähig ein. So können 71 Prozent der 12- bis 19-Jährigen technische Schwierigkeiten nach eigener Angabe eher oder sehr gut beheben. In den drei Altersgruppen, die jünger als 50 Jahre sind, traut sich dies jeweils eine Mehrheit zu. Mit zunehmendem Alter nimmt der prozentuale Anteil jedoch ab. Bei den Menschen ab 75 Jahren liegt er schließlich bei 10 Prozent. Eine ähnliche Tendenz zeigt sich auch, wenn es darum geht, Einstellungen den eigenen Wünschen entsprechend zu ändern (s. Abb. 18 & 19). Wie wichtig es Kompetenzträger*innen ist, technische Probleme lösen und Einstellungen bei Bedarf ändern zu können, differiert zwischen den sechs Altersgruppen weniger stark als die zugehörigen Selbsteinschätzungen. Beide Fähigkeiten sind jeweils Erwachsenen zwischen 35 und 49 Jahren am wichtigsten, darauf folgen die beiden jüngeren Altersgruppen. Am niedrigsten ist der Anteil derer, die diese Fähigkeiten eher oder sehr wichtig finden, im höheren Alter (s. Abb. 20 & 21).

Auch hinsichtlich der Bildung sind Unterschiede erkennbar. So erlebt sich ein größerer Anteil an Menschen mit hoher formaler Bildung gegenüber Menschen mit mittlerer und niedriger formaler Bildung als kompetent – mit Blick auf technische Fähigkeiten. Dies zeichnet sich vor allem dort deutlich ab, wo es um das Ändern von Einstellungen geht (s. Abb 22). Technik ist zudem ein Bereich, in dem sich mehr Männer als Frauen als kompetent wahrnehmen. Dies wird besonders deutlich beim selbstständigen Lösen technischer Probleme (s. Abb. 23). Im Vergleich unterschiedlicher Berufsfelder lässt sich feststellen, dass ein größerer Anteil an Menschen, die in der IT arbeiten, technischen Fähigkeiten (also Einstellungen zu ändern und technische Schwierigkeiten zu beheben) wichtig findet als bei Beschäftigten im öffentlichen Dienst, in der Pflege sowie im Bildungswesen.[16]

16 Dieser Befund zu Unterschieden zwischen Berufsgruppen ergibt sich nur auf Basis deskriptiver Befunde. Ein Signifikanzwert konnte nicht bestimmt werden.

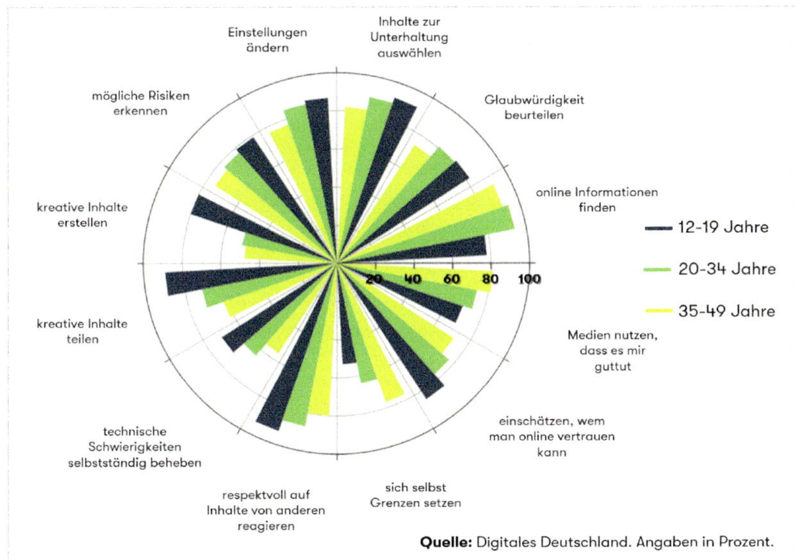


**Abbildung 18:** Selbsteinschätzung von Medien- und Digitalkompetenz nach Alter (12 bis 49 Jahre)

Quelle: Digitales Deutschland; Grundgesamtheit Deutschsprachige Bevölkerung ab 12 Jahren ($n_{12\text{-}19\ Jahre}$ = 152-160, $n_{20\text{-}34\ Jahre}$ = 358-396, $n_{35\text{-}49\ Jahre}$ = 363-411). Frage: Im Folgenden geht es darum, wie Sie selbst Ihre Kompetenzen bei der Nutzung digitaler Medien einschätzen. Sagen Sie mir bitte zu den folgenden Dingen, wie gut Sie das können. Falls Sie dies nicht tun, sagen Sie, dass es nicht auf Sie zutrifft. Angaben in Prozent (sehr gut/eher gut).

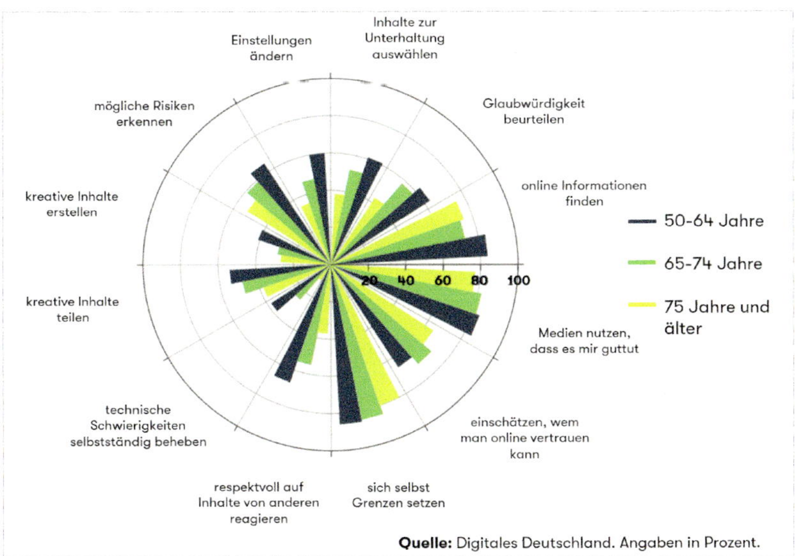


**Abbildung 19:** Selbsteinschätzung von Medien- und Digitalkompetenz nach Alter (über 50 Jahre)

Quelle: Digitales Deutschland; Grundgesamtheit Deutschsprachige Bevölkerung ab 12 Jahren, regelmäßige Internetnutzer*innen ($n_{50\text{-}64\ Jahre}$ = 411-480, $n_{65\text{-}74\ Jahre}$ = 155-190, $n_{75\ und\ älter}$ = 112-147). Frage: Im Folgenden geht es darum, wie Sie selbst Ihre Kompetenzen bei der Nutzung digitaler Medien einschätzen. Sagen Sie mir bitte zu den folgenden Dingen, wie gut Sie das können. Falls Sie dies nicht tun, sagen Sie, dass es nicht auf Sie zutrifft. Angaben in Prozent (sehr gut/eher gut).

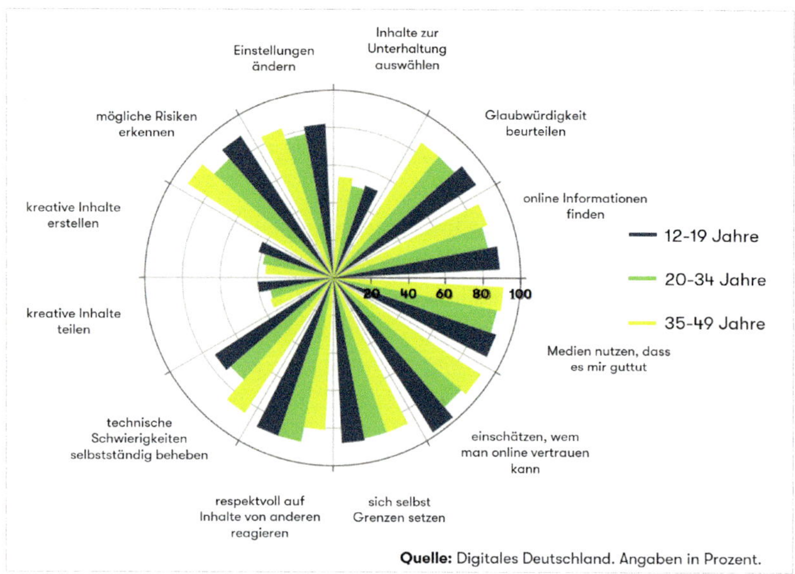


**Abbildung 20:** Wichtigkeit von Medien- und Digitalkompetenz nach Alter (12 bis 49 Jahre)

Quelle: Digitales Deutschland; Grundgesamtheit Deutschsprachige Bevölkerung ab 12 Jahren, regelmäßige Internetnutzer*innen ($n_{12\text{-}19\ Jahre}$ = 158-160, $n_{20\text{-}34\ Jahre}$ = 397-399, $n_{35\text{-}49\ Jahre}$ = 405-412). Frage: Nun interessiert uns, wie wichtig es Ihrer Meinung nach ist, dass Menschen heutzutage in der Lage sind, ...? Angaben in Prozent (sehr wichtig/eher wichtig).

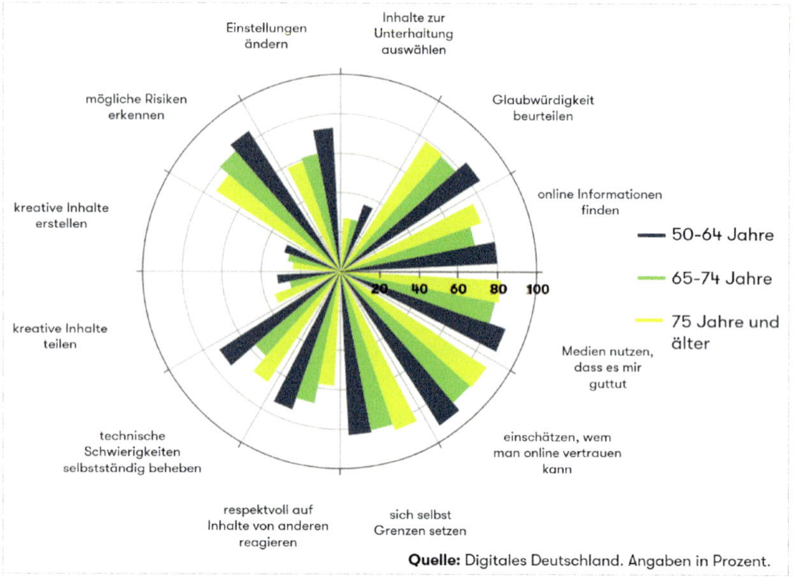


**Abbildung 21:** Wichtigkeit von Medien- und Digitalkompetenz nach Alter (über 50 Jahre)

Quelle: Digitales Deutschland; Grundgesamtheit Deutschsprachige Bevölkerung ab 12 Jahren, regelmäßige Internetnutzer*innen ($n_{50\text{-}64\ Jahre}$ = 478-485, $n_{65\text{-}74\ Jahre}$ = 183-191, $n_{75\ und\ älter}$ = 139-148). Frage: Nun interessiert uns, wie wichtig es Ihrer Meinung nach ist, dass Menschen heutzutage in der Lage sind, ...? Angaben in Prozent (sehr wichtig/eher wichtig).

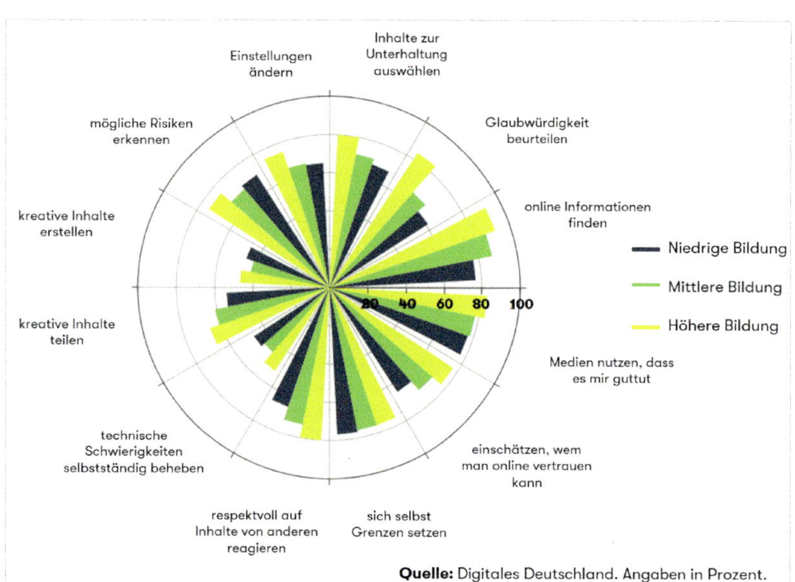


**Abbildung 22:** Selbsteinschätzung von Medien- und Digitalkompetenz nach formaler Bildung

Quelle: Digitales Deutschland; Grundgesamtheit Deutschsprachige Bevölkerung ab 12 Jahren, regelmäßige Internetnutzer*innen ($n_{niedrige\ Bildung}$ = 374-421, $n_{mittlere\ Bildung}$ = 704-811, $n_{höhere\ Bildung}$ = 295-356). Frage: Im Folgenden geht es darum, wie Sie selbst Ihre Kompetenzen bei der Nutzung digitaler Medien einschätzen. Sagen Sie mir bitte zu den folgenden Dingen, wie gut Sie das können. Falls Sie dies nicht tun, sagen Sie, dass es nicht auf Sie zutrifft. Angaben in Prozent (sehr gut/eher gut).

## Informationen suchen: kein Problem – sie hinterfragen: schon eher

Nachdem zunächst technische Fragen im Vordergrund standen, soll es nun um Fähigkeiten gehen, die nötig sind, um sich zu informieren. Für mehr als 80 Prozent der Befragten ist es wichtig, passende Informationen recherchieren sowie beurteilen zu können, ob Informationen auf glaubwürdigen Quellen beruhen und/oder in der Lage zu sein, Risiken der Nutzung digitaler Medien und Systeme einzuschätzen. Im Recherchieren erlebt sich ein Großteil (86 Prozent) als (eher) kompetent. Hier ähneln sich Selbst- und Relevanzeinschätzung vergleichsweise, was einen Kontrast zur Beurteilung technischer Fähigkeiten bildet. Anders ist das beim Beurteilen der Glaubwürdigkeit von Online-Informationen und dem Erkennen von Risiken. Hierin stuft nur etwa jede*r Siebte die eigenen Fähigkeiten als eher oder sehr gut ein (s. Abb. 16).

Im Vergleich befinden vor allem Menschen unter 50 Jahren es als (eher) wichtig, online passende Informationen finden zu können (s. Abb. 20). Zugleich schätzen sich eher jüngere gegenüber älteren Befragten darin tendenziell als (eher) gut ein (s. Abb. 18 & 19). Diese Tendenz hat sich bereits bei der Selbsteinschätzung technischer Fähigkeiten abgezeichnet. Eine Ähnlichkeit zu den zuvor beschriebenen Anforderungen zeigt sich auch mit Blick auf die formale Bildung: Geht es darum, die Glaubwürdigkeit von Quellen einzuschätzen und online passende Inhalte zu finden, schätzen mehr Menschen mit höherer formaler Bildung ihre Fähigkeiten als eher oder sehr gut ein (s. Abb. 22). Wie bei technischen Fähigkeiten schätzt sich auch ein größerer Anteil an Männern beim Informationen sammeln, bewerten und Risiken erkennen als (eher) gut ein als bei den Frauen. Die prozentualen Unterschiede zwischen den Geschlechtern sind jedoch geringer

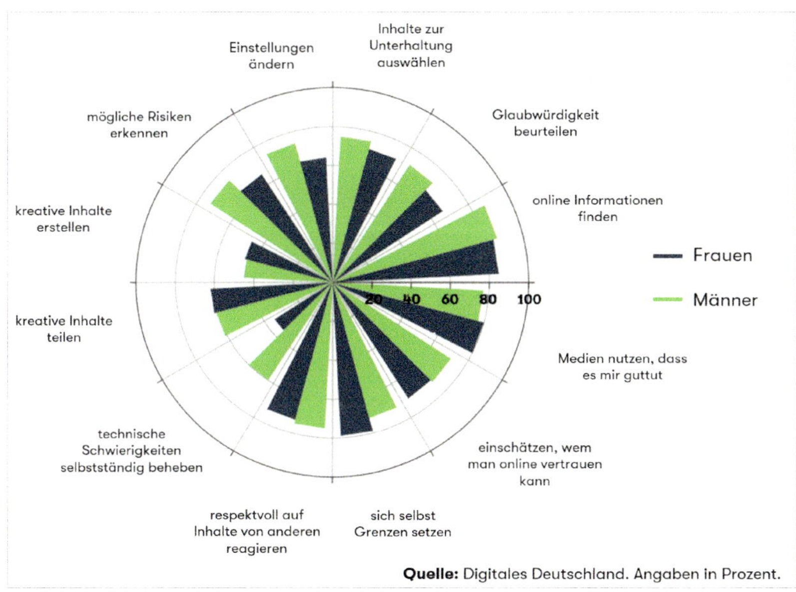


**Quelle:** Digitales Deutschland. Angaben in Prozent.

**Abbildung 23:** Selbsteinschätzung von Medien- und Digitalkompetenz nach Geschlecht

Quelle: Digitales Deutschland; Grundgesamtheit Deutschsprachige Bevölkerung ab 12 Jahren, regelmäßige Internetnutzer*innen ($n_{Frauen}$ = 766-905, $n_{Männer}$ = 777-866). Frage: Im Folgenden geht es darum, wie Sie selbst Ihre Kompetenzen bei der Nutzung digitaler Medien einschätzen. Sagen Sie mir bitte zu den folgenden Dingen, wie gut Sie das können. Falls Sie dies nicht tun, sagen Sie, dass es nicht auf Sie zutrifft. Angaben in Prozent (sehr gut/eher gut).

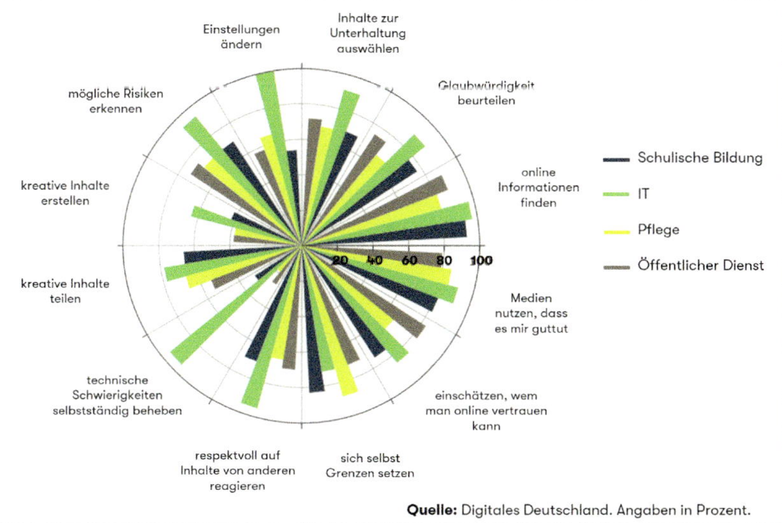

Einstellungen ändern
Inhalte zur Unterhaltung auswählen
mögliche Risiken erkennen
Glaubwürdigkeit beurteilen
kreative Inhalte erstellen
online Informationen finden
Schulische Bildung
IT
Pflege
Öffentlicher Dienst
kreative Inhalte teilen
20
40
60
80
100
Medien nutzen, dass es mir guttut
technische Schwierigkeiten selbstständig beheben
einschätzen, wem man online vertrauen kann
respektvoll auf Inhalte von anderen reagieren
sich selbst Grenzen setzen

**Quelle:** Digitales Deutschland. Angaben in Prozent.

**Abbildung 24:** Selbsteinschätzung von Medien- und Digitalkompetenz nach Berufsfeldern

Quelle: Digitales Deutschland; Grundgesamtheit Deutschsprachige Bevölkerung ab 12 Jahren, regelmäßige Internetnutzer*innen ($n_{Schulische Bildung}$ = 49-61, $n_{IT}$ = 51-57, $n_{Pflege}$ = 68-85, $n_{Öffentlicher Dienst}$ = 47-64). Frage: Im Folgenden geht es darum, wie Sie selbst Ihre Kompetenzen bei der Nutzung digitaler Medien einschätzen. Sagen Sie mir bitte zu den folgenden Dingen, wie gut Sie das können. Falls Sie dies nicht tun, sagen Sie, dass es nicht auf Sie zutrifft. Angaben in Prozent (sehr gut/eher gut).

als bei technischen Fähigkeiten (s. Abb. 23). Auch sind dies drei Fähigkeiten, die dem größten Teil – im Vergleich zu den anderen Berufsgruppen – der Beschäftigten in der IT (eher) wichtig sind.[17]

## Wem kann ich vertrauen? Wichtig, aber nicht leicht zu beantworten

Ging es gerade um die Glaubwürdigkeit von Informationen, steht nun die Vertrauenswürdigkeit von und der Umgang mit Menschen im Zentrum: Denn unter den zahlreiche Kompetenzanforderungen, die für mehr als 80 Prozent der Befragten eher oder sehr wichtig sind, befindet sich auch die Fähigkeit, zu erkennen, wem man im Netz vertrauen kann. Einem großen Teil der Befragten ist dies eher oder sehr wichtig. Relevanz- und Selbsteinschätzung klaffen dabei jedoch deutlich auseinander. Während 93 Prozent der Befragten sagen, dass es ihnen eher oder sehr wichtig ist, zu erkennen, wem sie online trauen können, trauen sich das nur 72 Prozent (eher) zu. Eine andere Fähigkeit, welche sich vor allem der sozialen Dimension zurechnen lässt, ist das respektvolle Reagieren auf Inhalte anderer. Dies ist einer Mehrheit von 78 Prozent der Befragten eher oder sehr wichtig. Ein nur wenig kleinerer Teil (74 Prozent) schätzt sich darin auch als (eher) gut ein (s. Abb. 16).

Unter den Jüngeren schätzt sich ein größerer Anteil in diesen sozialen Fähigkeiten als (eher) gut ein im Vergleich zu den jeweils Älteren. Das trifft zu, wenn es darum geht, respektvoll auf Inhalte Anderer zu reagieren, aber auch auf das Beurteilen von Vertrauenswürdigkeit – mit einer Ausnahme. Während sich 71 Prozent der 65-bis 74-Jährigen zutrauen, einzuschätzen, wem sie online vertrauen können, sind es unter den etwas jüngeren 50- bis 64-Jährigen (mit 66 Prozent) weniger (s. Abb. 19). Wiederum nimmt sich ein größerer Anteil an formal höher gebildeten Personen darin jeweils als kompetent wahr im Vergleich zu Personen mit formal niedriger Bildung (s. Abb. 22).

Mit Blick auf ausgewählte Berufsfelder fällt auf, dass unter Beschäftigten in der IT zwar bei beiden Anforderungen[18] jeweils der größte Anteil die eigenen Fähigkeiten als (eher) gut einschätzt – im Vergleich zu Pflege- und Lehrkräften sowie Angestellten im öffentlichen Dienst (s. Abb. 24). Jedoch sind die prozentualen Anteile an Personen, denen diese Fähigkeiten (eher) wichtig sind, bei Beschäftigten in der schulischen Bildung ähnlich groß wie unter IT-Fachkräften.[19]

## Kaum Anerkennung von Kreativität

Wie wichtig sind kreative Tätigkeiten für die Bevölkerung? Im Vergleich zu anderen Kompetenzdimensionen eher unwichtig, legen die Ergebnisse dieser Studie nahe. Denn das Erstellen von kreativen Inhalten landet in Hinblick auf Wichtigkeit im Vergleich aller Kompetenzanforderungen auf dem letzten Platz. Auch das Teilen solcher Inhalte befindet eine Minderheit der Befragten als eher oder sehr wichtig (s. Abb. 16). Hier ergeben sich allerdings Altersunterschiede. Vor allem den Jüngsten (12- bis 19-Jährigen) ist es tendenziell eher oder sehr wichtig, kreative Inhalte erstellen und/oder teilen zu können (s. Abb. 20). Auch schätzt sich ein größerer Anteil der Jüngeren in beidem als (eher) gut ein im Vergleich zu Älteren (s. Abb. 18 & 19). Daneben ergeben sich Unterschiede nach formaler Bildung. Zum einen schätzt sich ein größerer Teil der Personen mit formal hoher Bildung als (eher) gut darin ein, kreative Inhalte zu teilen. Zum anderen scheint es vor allem formal niedrig Gebildeten (eher) wichtig zu sein, kreative Inhalte zu erstellen. Mindestens 40 Prozent der formal niedrig Gebildeten finden es eher oder sehr wichtig, kreative Inhalte erstellen und/oder teilen zu können. Dies ist im Vergleich der drei Bildungsgruppen jeweils der höchste Anteil (s. Abb. 22).

Es kommt eher selten vor, dass ein höherer Anteil an Befragten angibt, etwas zu können und ein kleinerer Anteil dies als gesellschaftlich relevante Fähigkeit einstuft. Dass Kompetenzträger*innen etwas können – was auch wichtig für Kommunikation ist –, aber dies nicht als wertvoll ansehen, ist vor allem bei kreativen und affektiven Fähigkeiten der Fall. So findet es beispielsweise einer Minderheit (von 34 Prozent) der Befragten eher oder sehr wichtig, kreative Inhalte zu teilen, während dies nach eigener Angabe 61 Prozent können. Dies ist ein deutlicher Gegensatz zu technischen Fähigkeiten, die oftmals als wichtig erachtet werden, worin sich jedoch weniger Menschen als fähig erleben.

17 Dieser Befund zu Unterschieden zwischen Berufsgruppen ergibt sich nur auf Basis deskriptiver Befunde. Ein Signifikanzwert konnte nicht bestimmt werden.

18 Die Anforderungen waren: respektvoll auf Inhalte anderer zu reagieren und einzuschätzen, wem man online vertrauen kann und wem nicht.

19 Zu den geschilderten Unterschieden zwischen Berufsgruppen können keine Aussagen zur Signifikanz gemacht werden.

## Grenzen setzen als Ausreißer

Die affektive Dimension von Medien- und Digitalkompetenz umfasst unterschiedliche Facetten. Es geht um Selbstregulation, wie beispielsweise, die Dauer der eigenen Mediennutzung zu begrenzen. Gleichzeitig zielt sie auf Fähigkeiten, die notwendig sind, um sich auf eine mediale Situation einzulassen, sie zu genießen und sich zu entspannen (Digitales Deutschland 2021). Dies spiegelt sich in Anforderungen wider wie „digitale Medien so zu nutzen, dass es einem guttut" oder „Inhalte im Internet auszuwählen, um sich zu unterhalten".

Einem Großteil (von mehr als 80 Prozent) der Befragten ist es eher oder sehr wichtig, digitale Medien so zu nutzen, dass es einem guttut und/oder, sich Grenzen setzen zu können. Im Gegensatz dazu ist es nur einer Minderheit eher oder sehr wichtig, Inhalte auszuwählen, um sich zu unterhalten, wobei sich eine deutliche Mehrheit der Befragten darin als (eher) fähig wahrnimmt. Ein Großteil erlebt sich auch als (eher) kompetent, wenn es darum geht, sich Grenzen zu setzen oder Medien so zu nutzen, dass es einem gut tut. Gegenüber denen, die dies als eher oder sehr wichtig empfinden, sind es jedoch weniger (s. Abb. 16).

Je nach Alter unterscheidet sich, wie viel Bedeutung affektiven Komponenten zugesprochen wird. Inhalte zur Unterhaltung auszuwählen, finden vor allem Menschen unter 50 Jahren wichtig. Am höchsten ist der Anteil derjenigen, die dies eher oder sehr wichtig finden, unter den 35- bis 49-Jährigen. Am niedrigsten ist er bei Menschen ab 75 Jahren. Diese Tendenz ist ähnlich, wenn auch schwächer ausgeprägt, wenn es darum geht, digitale Medien so zu nutzen, dass es einem gut tut.

Affektive Fähigkeiten (besonders sich Grenzen setzen) bilden in mehrerlei Hinsicht eine Ausnahme unter den betrachteten Kompetenzanforderungen. So schätzt ein im Altersvergleich geringerer Teil der Jüngeren sich darin als gut ein, sich bei der Mediennutzung Grenzen setzen und digitale Medien so nutzen zu können, dass es ihnen gut tut. Gleichzeitig erachtet es ein etwas größerer Anteil unter den Jüngsten im Vergleich zu anderen Altersgruppen als (eher) wichtig, sich Grenzen setzen zu können. Inhalte zur Unterhaltung auszuwählen ist hingegen wieder eine Anforderung, in der sich unter den Jüngsten im Vergleich zu den übrigen Altersgruppen der größte Anteil als kompetent erlebt (s. Abb. 18 & 19).

Auch im Vergleich der Geschlechter fällt das Grenzen setzen auf. Denn es ist die einzige Fähigkeit, in der sich ein größerer Anteil Frauen als (eher) gut einschätzt gegenüber Männern. Zudem ist es einem größeren Anteil an Frauen (eher) wichtig, Grenzen zu setzen. Bei den übrigen Fähigkeiten trauen sich entweder mehr Männer dies zu – das ist vor allem bei technischen Fähigkeiten der Fall – oder es ergeben sich keine signifikanten Unterschiede in der Selbst- und Relevanzeinschätzung (s. Abb. 23). Auch im Vergleich zwischen Menschen unterschiedlicher formaler Bildung bildet das Grenzen setzen als eine von wenigen Anforderungen eine Ausnahme. Während sich oftmals ein größerer Anteil Menschen mit formal hoher Bildung als (eher) gut einschätzt, ergeben sich beim Grenzen setzen keine signifikanten Unterschiede zwischen den Bildungsgruppen (s. Abb. 22).

Interessant ist auch, dass im Vergleich verschiedener Berufsfelder nicht der größte Anteil an Beschäftigten in der IT das Setzen von Grenzen (eher) wichtig findet oder sich darin als (eher) gut einschätzt[20] (s. Abb. 24).

## Datenschutz als hochrelevantes Thema

An dieser Stelle gehen wir von allgemeinen Kompetenzanforderungen zu spezifischen Anforderungen hinsichtlich des Datenschutzes. Dieser Bereich wurde aus mehreren Gründen fokussiert: Durch den hohen Bedarf einer KI nach Daten entstehen – je nach Einsatzgebiet der KI – verschiedene Herausforderungen. Eine zentrale ist der Schutz von Daten (und damit auch der Privatsphäre von Betroffenen). So fordert der Deutsche Ethikrat (2023) beispielsweise für den medizinischen Bereich hohe Standards bezüglich des Datenschutzes. Auch durch bereits bestehende Gesetze werden Individuen in ihrem Medienalltag mit dem Thema Datenschutz stetig konfrontiert. Ein Beispiel ist etwa das Telekommunikations-Telemedien-Datenschutz-Gesetz (TTDSG), welches – unter bestimmten Voraussetzungen – eine aktive Einwilligung zur Verwendung von Cookies vorschreibt (DSK 2021). Auf Datenschutz wurde in dieser Studie somit unter anderem deswegen ein Fokus gelegt, weil er als Anforderung sowohl im alltäglichen Medienhandeln als auch in der öffentlichen Debatte über KI präsent ist.

Beinahe alle Befragten (97 Prozent) messen dem Schutz der eigenen Online-Daten eine (große) Bedeutung zu. Das wird auch im Vergleich der

20 Es sei darauf hingewiesen, dass zu den geschilderten Unterschieden zwischen Berufsgruppen keine Aussagen zur Signifikanz gemacht werden können.

Alters- und Berufsgruppen deutlich. In allen Altersgruppen stufen mindestens 96 Prozent dies als (eher) wichtig ein. Auch in den vier Berufsfeldern kommt dem Datenschutz jeweils eine (große) Bedeutung zu, denn in jedem Tätigkeitsfeld ist mindestens 96 Prozent der Schutz ihrer Online-Daten (eher) wichtig. Jedoch sind die Befragten – je nach Anforderung – deutlich unsicherer, ob sie ihre Daten auch schützen können (s. Abb. 25). Jede*r Neunte kann nach eigener Angabe das eigene Gerät beispielsweise durch eine PIN schützen. Dies erscheint also den meisten einfach. Am schwierigsten ist für die Befragten hingegen, zu erkennen, ob ein WLAN-Netz sicher ist. Das traut sich etwa die Hälfte der Studienteilnehmenden (eher) zu.

Zudem schätzt sich jeweils ein größerer Anteil an Männern gegenüber Frauen bei Kompetenzanforderungen, die den Datenschutz betreffen, als (eher) gut ein. Am geringsten ist der Geschlechterunterschied, wenn es um den Schutz des eigenen Geräts geht. Vergleichsweise groß ist er bei Anforderungen, wie dem Erkennen, ob ein WLAN-Netz sicher ist, oder wenn es darum geht, Aufzeichnungen von Websites zu löschen, die man zuvor besucht hat (s. Abb. 26).

Zwischen den Bildungsgruppen ergeben sich nur zum Teil Unterschiede. Bei drei Anforderungen schätzt sich ein größerer Anteil an Menschen mit hoher formaler Bildung als (eher) gut ein. Je niedriger der formale Bildungsabschluss ist, desto geringer fällt der Anteil derer aus, die sich (eher) gut bezüglich des Löschens von Suchverläufen, des Anpassens von Datenschutzeinstellungen sowie des Deaktivierens von Standorteinstellungen einschätzen (s. Abb. 27).

Im Vergleich der Altersgruppen ergeben sich zwei unterschiedliche Tendenzen. In Bezug auf den Schutz von Geräten schätzen sich am ehesten die Jüngsten als (eher) gut ein. Mit zunehmendem Alter erlebt sich darin ein kleinerer Teil als (eher) kompetent. Bei den übrigen Anforderungen nehmen am ehesten Erwachsene zwischen 20 und 49 Jahren ihre Fähigkeiten als (eher) gut wahr. Deutlich zeigt sich das etwa bei der Anforderung, Datenschutzeinstellungen anzupassen. Bei anderen Anforderungen ist die Tendenz schwächer ausgeprägt (s. Abb. 28).

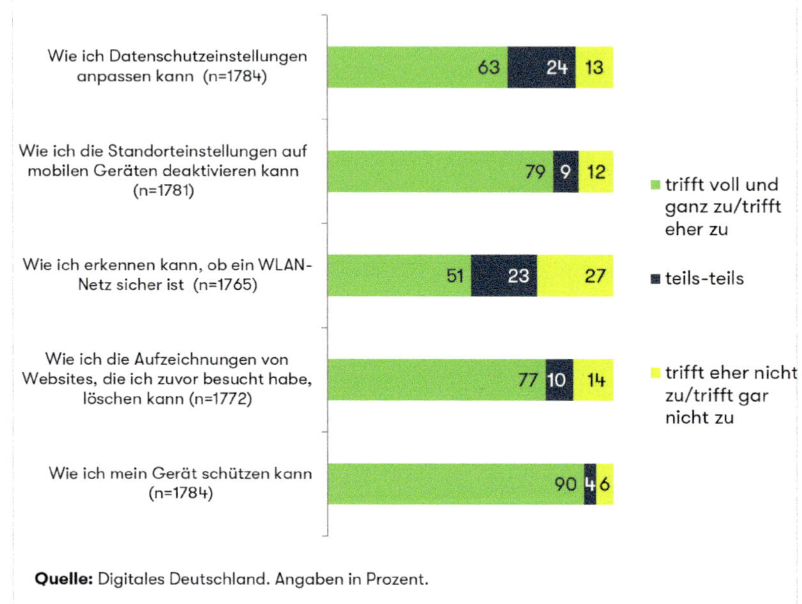


**Abbildung 25:** Selbsteinschätzung von Fähigkeiten zum Datenschutz

Quelle: Digitales Deutschland; Grundgesamtheit Deutschsprachige Bevölkerung ab 12 Jahren, regelmäßige Internetnutzer*innen (Die Gruppengrößen sind der Grafik zu entnehmen). Frage: Nun geht es um das Thema Datenschutz. Bitte geben Sie an, inwiefern folgende Aussagen auf Sie zutreffen. Angaben in Prozent.

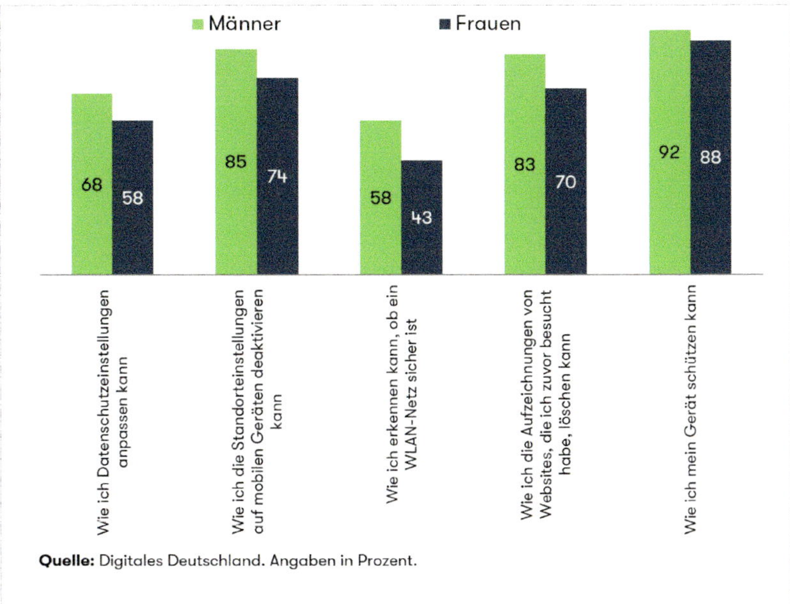


**Abbildung 26:** Selbsteinschätzung von Fähigkeiten zum Datenschutz bei Männern und Frauen

Quelle: Digitales Deutschland; Grundgesamtheit Deutschsprachige Bevölkerung ab 12 Jahren, regelmäßige Internetnutzer*innen ($n_{Männer}$ = 860-868, $n_{Frauen}$ = 895-907) Frage: Nun geht es um das Thema Datenschutz. Bitte geben Sie an, inwiefern folgende Aussagen auf Sie zutreffen. Angaben in Prozent (trifft voll und ganz zu/trifft eher zu).

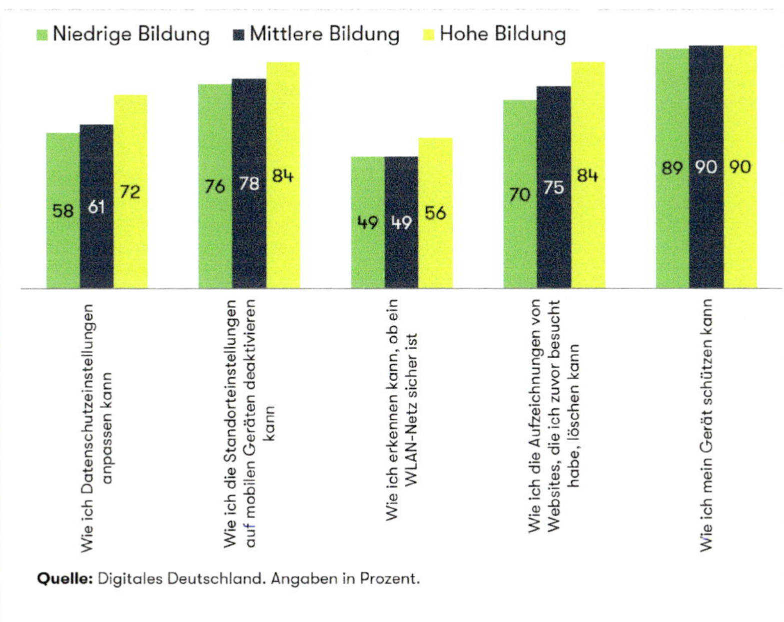


**Abbildung 27:** Selbsteinschätzung von Fähigkeiten zum Datenschutz nach formaler Bildung

Quelle: Digitales Deutschland; Grundgesamtheit Deutschsprachige Bevölkerung ab 12 Jahren, regelmäßige Internetnutzer*innen ($n_{niedrige\ Bildung}$ = 412-420, $n_{mittlere\ Bildung}$ = 805-814, $n_{hohe\ Bildung}$ = 355-358). Frage: Nun geht es um das Thema Datenschutz. Bitte geben Sie an, inwiefern folgende Aussagen auf Sie zutreffen. Angaben in Prozent (trifft voll und ganz zu/trifft eher zu).

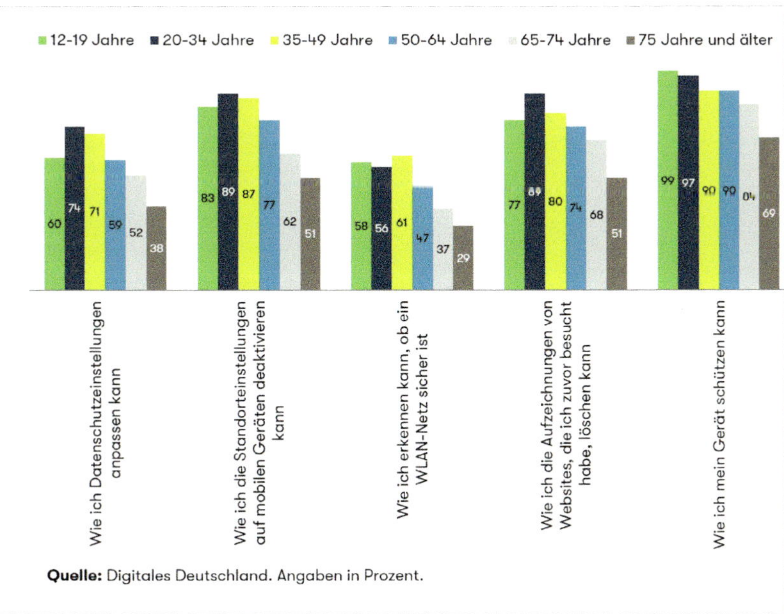


**Abbildung 28:** Selbsteinschätzung von Fähigkeiten zum Datenschutz nach Alter

Quelle: Digitales Deutschland; Grundgesamtheit Deutschsprachige Bevölkerung ab 12 Jahren, regelmäßige Internetnutzer*innen ($n_{12\text{-}19\ Jahre}$ = 157-160, $n_{20\text{-}34\ Jahre}$ = 399, $n_{35\text{-}49\ Jahre}$ = 408-412, $n_{50\text{-}64\ Jahre}$ = 474-482, $n_{65\text{-}74\ Jahre}$ = 185-190, $n_{75\ Jahre\ und\ älter}$ = 140-144). Frage: Nun geht es um das Thema Datenschutz. Bitte geben Sie an, inwiefern folgende Aussagen auf Sie zutreffen. Angaben in Prozent (trifft voll und ganz zu/trifft eher zu).

# 8. Wege der Kompetenzentwicklung

Wie haben Menschen Medien- und Digitalkompetenz entwickelt? Und wer oder was spielt dabei eine Rolle? Individuen bringen sich Medien- und Digitalkompetenz vor allem selbst bei – gegebenenfalls mit der Hilfe ihres sozialen Umfeldes oder auch medialer Informationsangebote. Inwiefern formale Lernkontexte genutzt werden, scheint eng mit der jeweiligen Lebensphase verbunden zu sein.

## Kompetenzentwicklung hauptsächlich in Eigenregie

Individuen entwickeln Medien- und Digitalkompetenz am ehesten außerhalb strukturierter Lernsettings. 85 Prozent der Befragten haben sich medienbezogene Fähigkeiten selbst beigebracht (s. Abb. 29).
Besonders verbreitet ist das unter Jüngeren. Beinahe alle 20- bis 34-Jährigen (95 Prozent) haben sich solche Fähigkeiten (auch) selbst beigebracht. Unter den Ältesten sind es im Vergleich weniger, jedoch immer noch eine deutliche Mehrheit von 72 Prozent (s. Abb. 30).
Auch Beschäftigte in der IT (89 Prozent) sowie Männer bringen sich medienbezogene Fähigkeiten eher selbst bei. Gut zwei Drittel aller Befragten haben sich Kompetenzen mit Hilfe des sozialen Umfeldes (also der Familie oder Freund*innen) angeeignet. Freund*innen sind vor allem für Jüngere von großer Bedeutung. Durch die Familie lernen vor allem die Jüngsten, ältere Menschen (in diesem Fall Personen, die 65 Jahre oder älter sind) und Frauen. Im Vergleich von Berufsfeldern fällt zudem auf, dass Pflegekräfte häufig auf die Bedeutung informellen Lernens durch Familie oder Freund*innen verweisen. Mediale Angebote, wie Tutorials oder Internetforen, spielen gegenüber dem sozialen Umfeld eine vergleichsweise geringere Rolle. 47 Prozent aller Befragten sprechen sie an, wobei die drei Altersgruppen unter 50 Jahren mediale Angebote mehrheitlich in Anspruch nehmen. Unter den 20- bis 34-Jährigen sind es mit 63 Prozent am meisten, bei Personen ab 75 Jahren mit 15 Prozent am wenigsten (s. Abb. 30). Auch Männer (im Vergleich zu Frauen) sowie Beschäftigte der IT-Branche greifen öfter auf Online-Communities zurück – im Vergleich zu Berufsfeldern wie dem öffentlichen Dienst, der schulischen Bildung und der Pflege (s. Abb. 31 & 32).

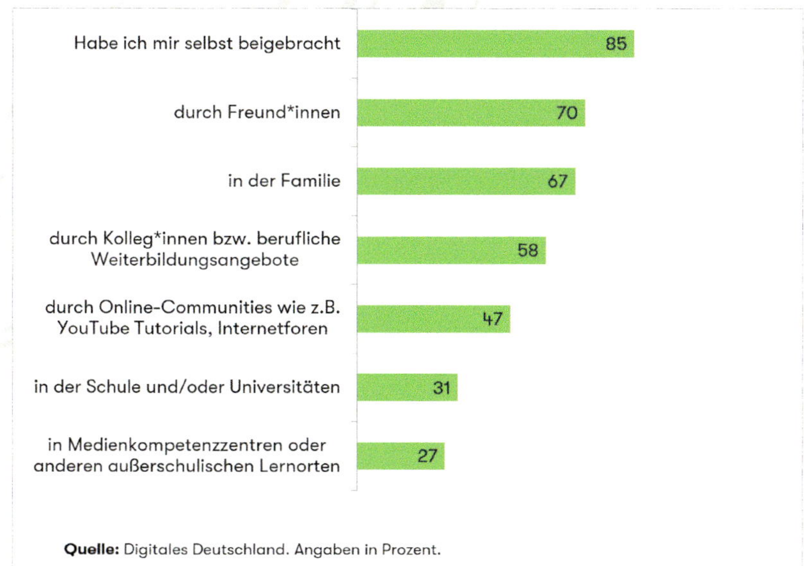


**Abbildung 29:** Kompetenzvermittlung

Quelle: Digitales Deutschland; Grundgesamtheit Deutschsprachige Bevölkerung ab 12 Jahren, regelmäßige Internetnutzer*innen (n = 1776-1794). Frage: Wie haben Sie die Kompetenzen im Umgang mit digitalen Medien erworben? Angaben in Prozent (ja).

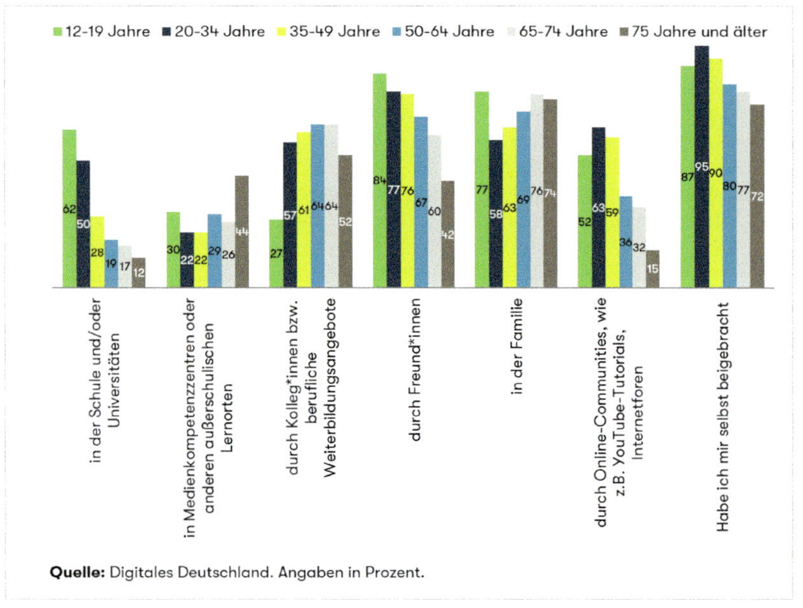


**Abbildung 30:** Kompetenzvermittlung nach Alter

Quelle: Digitales Deutschland; Grundgesamtheit Deutschsprachige Bevölkerung ab 12 Jahren, regelmäßige Internetnutzer*innen ($n_{12\text{-}19\ Jahre}$ = 158-160, $n_{20\text{-}34\ Jahre}$ = 393-399, $n_{35\text{-}49\ Jahre}$ = 406-412, $n_{50\text{-}64\ Jahre}$ = 481-485, $n_{65\text{-}74\ Jahre}$ = 190-191, $n_{75\ Jahre\ und\ älter}$ = 147-149). Frage: Wie haben Sie die Kompetenzen im Umgang mit digitalen Medien erworben? Angaben in Prozent (ja).

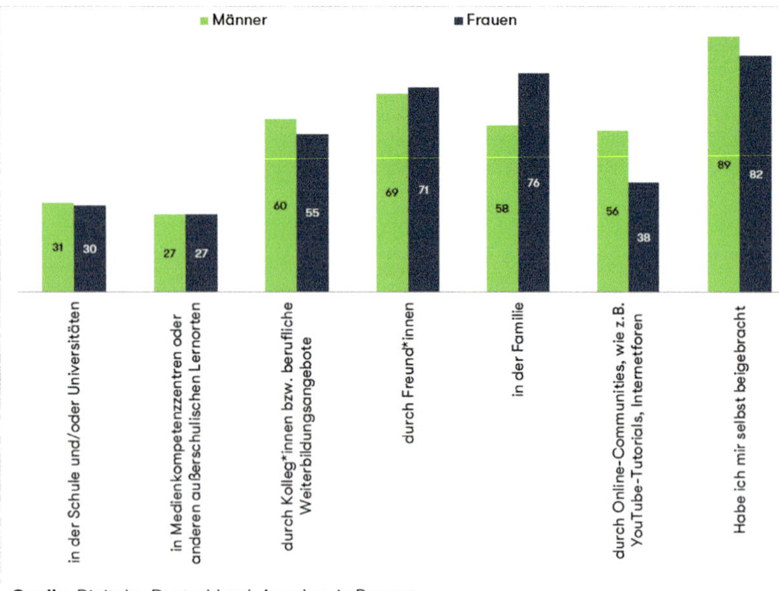


**Abbildung 31:** Kompetenzvermittlung bei Männern und Frauen

Quelle: Digitales Deutschland; Grundgesamtheit Deutschsprachige Bevölkerung ab 12 Jahren, regelmäßige Internetnutzer*innen ($n_{Männer}$ = 863-872, $n_{Frauen}$ = 903-914). Frage: Wie haben Sie die Kompetenzen im Umgang mit digitalen Medien erworben? Angaben in Prozent (ja).

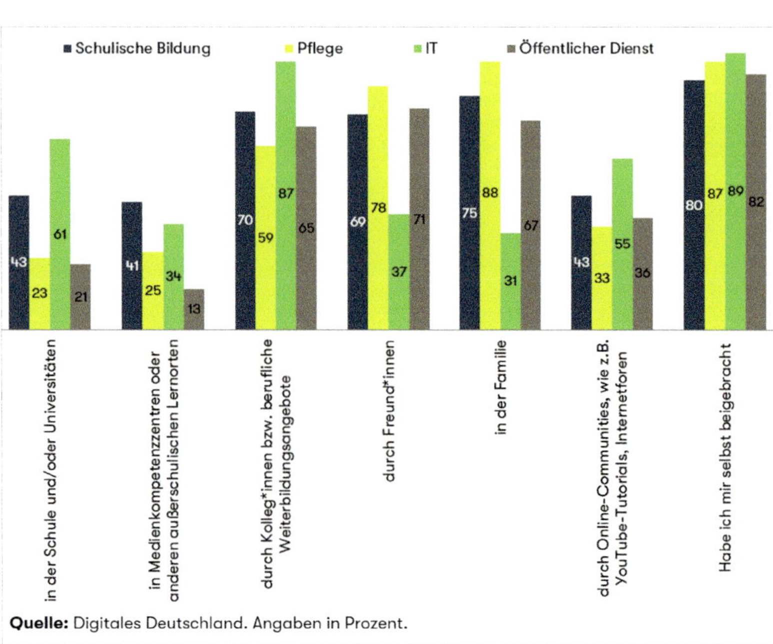


**Abbildung 32:** Kompetenzvermittlung nach Berufsfeldern

Quelle: Digitales Deutschland; Grundgesamtheit Deutschsprachige Bevölkerung ab 12 Jahren, regelmäßige Internetnutzer*innen ($n_{SchulischeBildung}$ = 60-61, $n_{IT}$ = 54-57, $n_{Pflege}$ = 80-85, $n_{Öffentlicher\ Dienst}$ = 63-64). Frage: Wie haben Sie die Kompetenzen im Umgang mit digitalen Medien erworben? Angaben in Prozent (ja).

## In Lernorten spiegelt sich der Lebenslauf

Neben informellem Lernen haben auch Lernangebote im Rahmen von Schule, Ausbildung und Beruf ihre Bedeutung. Für 58 Prozent der Befragten sind etwa berufliche Weiterbildungsangebote und/oder Kolleg*innen von Bedeutung, um sich Medien- und Digitalkompetenz anzueignen. Das trifft zum einen eher für Männer zu. Zum anderen gibt in allen Altersgruppen – abgesehen von den Jüngsten (die oftmals noch nicht im Berufsleben stehen) – jeweils eine Mehrheit an, auf berufliche Weiterbildungsangebote oder Unterstützung durch Kolleg*innen zurückgegriffen zu haben. Auch für Beschäftigte in der IT haben der schulische und berufliche Kontext eine (im Vergleich zu anderen Berufen) größere Bedeutung. Auf Schule und Universität als Lernort verweisen 31 Prozent der Befragten, hier vor allem die beiden jüngsten Altersgruppen (62 Prozent bei 12- bis 19-Jährigen).

## Außerschulische Angebote gerade für Ältere relevant

Im höheren Lebensalter haben schulische oder an die Arbeitswelt gebundene Bildungsangebote eine abnehmende Relevanz. Außerschulische Lernangebote und Medienkompetenzzentren sind für gut ein Viertel der Bevölkerung von Bedeutung, vor allem für Ältere. Denn 44 Prozent derjenigen, die 75 Jahre oder älter sind, haben solche Angebote bereits genutzt. Darauf folgen 30 Prozent der 12- bis 19-Jährigen. Menschen zwischen 20 und 49 Jahren greifen auf außerschulische Angebote (mit je 22 Prozent in beiden Gruppen) vergleichsweise wenig zurück (s. Abb. 30). Ein differenzierter Blick auf unterschiedliche Berufsfelder ergibt, dass vor allem Lehrkräfte (41 Prozent) auf außerschulische Angebote setzen.

# 9. Unterstützung beim Thema digitale Medien

Wo sieht die Bevölkerung Unterstützungsbedarfe, wenn es um digitale Medien geht? Die Befragten benennen ein breites Spektrum an Themen, darunter Hilfe bei der Bedienung von digitalen Medien und Systemen, aber auch die Themen Datenschutz und Sicherheit kommen auf.

## Wo Herausforderungen in der digitalen Welt liegen

Bereits an den oben skizzierten Kompetenzanforderungen sind Unsicherheiten und damit potenzielle Unterstützungsbedarfe deutlich geworden. Darüber hinaus hatten alle Studienteilnehmenden die Möglichkeit, Unterstützungsbedarfe zu benennen, wenn es um digitale Medien geht. Sehr häufig geben die Befragten an, einen Unterstützungsbedarf zu sehen, führen jedoch nicht aus, worin dieser besteht. Teilweise sprechen sie an, dass es wichtig ist, auf dem aktuellen Stand zu sein oder dass die schnelle Entwicklung digitaler Medien Unterstützung notwendig macht.

Die Befragten benennen sowohl individuelle Lernbedarfe als auch Aspekte, die sie selbst nicht in der Hand haben. Beispiele für Letzteres sind etwa der Wunsch nach einer *Vereinfachung und Niedrigschwelligkeit* von digitalen Angeboten. Darunter fallen vor allem Wünsche, die Handhabung digitaler Medien und Systeme zu erleichtern, wie zum Beispiel eine einfachere Menüführung oder Sprache. Hinzu kommen Bedarfe nach einer Veränderung struktureller Bedingungen, wie etwa einer schnelleren Internetverbindung oder der Wunsch nach Regulierung, beispielsweise nach Gesetzen zum einfachen Datenschutz oder nach Transparenz. Auch Fragen des Zugangs zum Internet und des Kaufs von Medien finden Erwähnung. Inwiefern hier das eigene Lernen oder der Wandel von Strukturen gefordert wird, ist nicht immer eindeutig zu sagen.

Unterstützungsbedarfe sehen die Befragten vor allem in puncto *Datenschutz* und *Sicherheit*. Sie sprechen ganz allgemein von Datenschutz, Datensicherheit oder auch von Datensicherung. Zum Teil werden sie konkreter und benennen beispielsweise Anforderungen, wie Datenschutzlücken zu erkennen oder Rahmenbedingungen, etwa gesetzliche Regelungen zum Datenschutz. Zum Thema Sicherheit lässt sich auch der *Umgang mit Risiken* zählen. Die Befragten beschreiben sowohl die Aufklärung über, das Abschätzen von, den Umgang mit sowie die Warnung beziehungsweise den Schutz vor Risiken als relevant. Daneben wird auch ein Bedarf auf *instrumentell-qualifikatorischer Ebene* deutlich. Dieser spiegelt sich in Fragen nach dem Umgang mit digitalen Medien. Auch hier reichen artikulierte Bedarfe über abstrakte Unterstützung beim allgemeinen Umgang oder der Nutzung bis hin zu sehr spezifischen Anforderungen, wie beispielsweise dem Beantworten von E-Mails. Auch der Umgang mit technischen Problemen oder der Umgang (im Sinne von Einstellung, Installation etc.) mit Technik allgemein ist hier zu nennen.

Neben dem Wissen darum, wie digitale Medien funktionieren, besteht auch Unterstützungsbedarf bei der *Recherche von Informationen.* Dass manche Befragten die Suche explizit auf vertrauenswürdige Informationen beziehen, ist bereits ein erster Hinweis auf die Bedeutung kritisch-reflexiver Fähigkeiten. Diese spiegelt sich in mehreren Angaben der Befragten. So wünschen sie sich beispielsweise Unterstützung, wenn es um *Quellenkritik* geht, also das Erkennen und Einschätzen von Zuverlässigkeit und Glaubwürdigkeit. Aber auch die Reflexion von Medieninhalten sowie Konsequenzen des Mediengebrauchs und ethische Fragen werden von den Befragten angesprochen. Im Kontext einer kritisch-reflexiven Dimension von Medien- und Digitalkompetenz spielt zudem zum Beispiel eine Rolle, „Fake News" zu erkennen.

Auch in Fragen des *Zeitmanagements und der Selbstkontrolle* wünschen sich die Befragten Hilfe. So beschreiben sie etwa Bedarfe bei der Begrenzung ihres Medienkonsums. Eher vereinzelt wird auch Sucht als Herausforderung benannt (etwa das Einschätzen von Suchtverhalten). Neben Aspekten der Selbstkontrolle sprechen die Befragten auch Gefühle an, so etwa Berührungsängste gegenüber digitalen Medien, die es zu überwinden gilt, aber auch Gefühle bei der Nut-

zung von Medien und, dass man auf das eigene Wohlbefinden achten sollte. Mit dem eigenen Wohlbefinden kann auch der Aspekt einer interessenorientierten Nutzung zusammengedacht werden. So weisen manche Befragte darauf hin, dass sie Unterstützung brauchen, um digitale Medien für die eigenen Interessen zu nutzen und die Vorteile digitaler Medien zu erkennen. All diese Aspekte lassen sich mit Blick auf das Rahmenkonzept (Digitales Deutschland 2021) im Bereich affektiver Fähigkeiten verorten.
Mit dem Umgang mit Emotionen hängt auch ein weiterer Bedarf zusammen, nämlich der nach einem respektvollen Umgang miteinander im Netz, wobei auch der Umgang mit Hassrede ein Thema ist.

## Welche Art der Unterstützung erwünscht ist

Die Teilnehmenden äußern sich auch dazu, wie Unterstützung aussehen sollte. Am häufigsten sprechen sie formelle Lernangebote an, beispielsweise Schulungen, Kurse und Weiterbildungen. Hinzu kommt der Bereich des schulischen Lernens (von der Grundschule bis zur Ausbildung). Ein Teil der Befragten spricht auch Hilfe bei konkreten Fragestellungen an. Hierzu wünschen sich die Interviewten Anlaufstellen, die sie bei Fragen kompetent unterstützen können. Diese können unterschiedlich aussehen. Das Spektrum reicht von Ansprechpersonen vor Ort über Angebote, wie eine digitale Sprechstunde, eine Hotline oder ganz allgemein einen Ort, an dem man Hilfe finden kann. Die Funktion der Ansprechperson kann auch von Mitgliedern der eigenen Familie oder dem Freundeskreis übernommen werden. Daran wird deutlich, dass die Befragten auch informelles Lernen als Möglichkeit vor Augen haben. Manche Teilnehmenden betonen auch die Möglichkeit, sich in einer Gruppe (mit Gleichgesinnten) über digitale Themen austauschen zu können, als bedeutsam, so etwa im Rahmen von Vereinen oder Selbsthilfegruppen.
Neben dem Lernen aus zwischenmenschlicher Interaktion geben mehrere Befragte auch Infomaterial als wertvolle Unterstützung an. Dieses kann in unterschiedlicher Weise aufbereitet sein. Die Interviewten nennen zum Beispiel Anleitungen, Wissensvermittlung über das Fernsehen, YouTube-Tutorials und vieles mehr.

# 10. Diskussion von Handlungsperspektiven

Im Zentrum dieser Studie steht die Frage: Wie kompetent erlebt sich die deutschsprachige Bevölkerung im Umgang mit digitalen Medien und Systemen, mit einem Fokus auf Technologien der Künstlichen Intelligenz? Menschen kommen, bewusst oder unbewusst, beim Handeln mit digitalen Medien in vielfältiger Form mit KI in Berührung. Beispielsweise steckt KI in algorithmischen Empfehlungssystemen, auf Basis derer Social-Media-Anwendungen wie TikTok, YouTube und Instagram die Inhalte für die Nutzer*innen auswählen. Übergreifend lassen sich darunter Technologien verstehen, die Menschen nutzen können, um Denk- und Handlungsvollzüge zu erweitern und funktional zu ersetzen – vor allem in den Bereichen des Wahrnehmens, des Verarbeitens natürlicher Sprache, des Schlussfolgerns, der Lernsteuerung und des Vorausplanens (s. auch Sūna & Hoffmann 2021). Wenn in diesem Sinne Technik das Alltagsleben erleichtern soll, wie es die Agenda für eine smarte Gesellschaftspolitik als Ziel formuliert, ist es eine Voraussetzung, dass die Bürger*innen auch über die entsprechenden Kompetenzen verfügen. Die vorliegenden Ergebnisse leisten einen Beitrag dazu, einen Überblick über die Digital- und Medienkompetenz der Bevölkerung zu erlangen und spezifische Förderbedarfe zu identifizieren, wie dies in der Digitalstrategie der Bundesregierung als Ziel formuliert ist.

Unser Leben ist vom digitalen Wandel geprägt und digitale Medien und Systeme sind ein zentraler Berührungspunkt der Bevölkerung mit diesem Wandel. Entsprechende Kompetenzen werden erforderlich, um den Alltag souverän zu gestalten. Dafür liegen eine Vielzahl an Kompetenzbegriffen vor. Der Begriff Digitalkompetenz ist dabei ein Dachbegriff, unter dem unterschiedlichen Begriffe jeweils spezifische Schwerpunkte setzen, bei denen aber auch Überschneidungen bestehen. So etwa zwischen Medienkompetenz, Datenkompetenz und speziellen KI-bezogenen Kompetenzen (Brüggen & Sūna 2023). Wichtig ist: Kompetenz lässt sich nicht auf Wissen reduzieren. Vielmehr geht es um ein Bündel an Fähigkeiten, Fertigkeiten und Wissen (Digitales Deutschland 2021), die neben der kognitiven bspw. auch einer sozialen, reflexiven oder affektiven Dimension zuzuordnen sind.

Im Folgenden werden vor dem Hintergrund der skizzierten politischen Strategien Handlungsperspektiven für die Digitalpolitik und die Bildungspraxis reflektiert. Sie beziehen sich zunächst auf die in der Bevölkerung vorherrschenden Einstellungen zu KI-Technologien, die als motivationale Grundlage für den Kompetenzerwerb betrachtet werden. Weitere Handlungsperspektiven greifen ungleiche Chancen für den Kompetenzerwerb, den Zusammenhang zwischen medialen Erfahrungsräumen und den Möglichkeiten zum Kompetenzerwerb, die Frage des digitalen Wohlbefindens und Herausforderungen hierfür sowie zu schaffende Rahmenbedingungen für eine verantwortungsvolle Datenkultur auf.

### Einstellungen zu KI als Ausgangspunkt für die Bildungspraxis

Ambivalenz, Unentschiedenheit und die Einschätzung, dass mit KI sowohl Chancen als auch Risiken verbunden wären, sind prägend für die Einstellungen der Bevölkerung gegenüber digitaler Technologieentwicklung im Jahr 2023. Sowohl in Bezug auf die gesellschaftliche Entwicklung wie auch auf das eigene Leben, hat die Mehrheit der Befragten positive und negative Folgen vor Augen.

Es ist erkennbar, dass Vor- und Nachteile von KI vor allem dort gesehen werden, wo Bezüge zur eigenen Lebenswelt und -lage erkannt werden. Dreiviertel der Menschen über 75 Jahren, die mutmaßlich häufiger mit gesundheitlichen Themen konfrontiert sind als Jüngere, erwarten, dass KI-Technologien einen positiven Beitrag zu medizinischer Diagnostik und Behandlung leisten können. Diese Ergebnisse lassen schließen, dass sich Teile der Bevölkerung in einer aktiven Phase der Auseinandersetzung mit dem Thema KI befinden, eine abschließende Meinungsbildung vielfach aber noch nicht stattgefunden hat. Offen bleibt, ob der große Anteil ambivalenter Stellungnahmen als differenziert abwägende Sichtweise auf KI interpretiert werden kann oder, ob sich darin eine Unsicherheit in der Mei-

nungsbildung aufgrund nicht hinreichenden eigenen Wissens und Könnens ausdrückt.
Die Hinweise auf ambivalente Einstellungen und nicht abgeschlossene Prozesse der Meinungsbildung in der Bevölkerung sind für die Planung und Umsetzung von Kampagnen und Bildungsangeboten von großem Interesse. Weinert hat darauf hingewiesen, dass die als Kompetenz benannten kognitiven Fähigkeiten und praktischen Fertigkeiten in engem Zusammenhang stehen mit den von den Kompetenzträger*innen empfundenen motivationalen, volitionalen und sozialen Bereitschaften und Fähigkeiten (Weinert 2001, S. 27 f.). Informations- und Bildungsangebote, die auf eine weiterführende Auseinandersetzung mit KI-Technologien zielen, müssen an diese Ausgangslage anknüpfen und ihre Zielgruppen dort abholen, wo sie in der Beschäftigung mit digitalen Systemen stehen. Die Chancen für Vielfalt und Teilhabe oder auch die Möglichkeiten zur Erleichterung des Alltags können nur bei einer entsprechend aufgeschlossenen Einstellung auch ausgeschöpft werden. Dabei gilt, sowohl negative Erwartungen und Befürchtungen wie auch positive Zuschreibungen an KI können einer vertieften Auseinandersetzung in Bildungskontexten zuträglich sein, sofern sie in didaktischen Konzepten gezielt adressiert und ggf. hinterfragt werden. Um dieses Potenzial auszuschöpfen, sind qualitative und nach Zielgruppen differenzierende Studien erforderlich, die analysieren, aus welchen Informationen und Erfahrungen sich Einstellungen speisen und welche Bedeutung diese für die Motivation zum weiteren Kompetenzerwerb haben, wie sie im Projekt Digitales Deutschland bspw. mit Blick auf Menschen mit Migrationsgeschichte, Menschen im höheren Lebensalter oder auch Jugendliche sowie Kinder und deren Eltern in Bezug auf digitale Medien und KI-Technologien realisiert wurden (vgl. Sūna 2023; Hartung-Griemberg & Bogen 2022; Schober et al. 2022).

## Ungleiche Chancen zur Kompetenzaneignung

Aus den Ergebnissen der Studie wird deutlich, inwiefern mit unterschiedlichen Lebens- und Bildungskontexten ungleiche Chancen zur Aneignung von KI verbunden sind. Menschen bringen sich Kompetenzen im täglichen Handeln vor allem selbst bei – ggf. mit Hilfe ihres sozialen Umfeldes oder medialer Angebote. Unterstützende Bildungsangebote sind insbesondere zu neuartigen Technologien und Themen gefragt, zu denen (noch) keine hinreichende gesellschaftliche Auseinandersetzung stattgefunden hat. Die Bildungskontexte variieren je nach Lebensalter und -lage, was unterstreicht, dass eine smarte Gesellschaftspolitik unterschiedliche Ansatzunkte braucht, um allen den Kompetenzerwerb zu ermöglichen. Neben der familiären Medienerziehung im Kindesalter, spielen schulische und berufsbegleitende Bildungsangebote eine wichtige Rolle. Auch außerschulische Lernangebote haben ihre Bedeutung – zum einen direkt, da sie ein gutes Viertel der Befragten nutzt, und zum anderen indirekt, da Wissen und Fähigkeiten, die sich Teilnehmende im Rahmen außerschulischer Angebote aneignen, wiederum in ihrem sozialen Umfeld weitergegeben werden (können). Dadurch wird informelles Lernen unterstützt.
Insbesondere hinsichtlich des Bildungsangebots für Personen im Erwachsenenalter sowie hinsichtlich der berufsbegleitenden Bildung ergibt sich ein sehr heterogenes Bild. Je nach Beruf wird auf verschiedene Lernorte zurückgegriffen. Pflegekräfte verweisen vermehrt auf das Lernen durch die Familie und den Freundeskreis, während Lehrkräfte (auch) außerschulische Angebote und IT-Fachkräfte den beruflichen Kontext vergleichsweise häufig benennen. Während die einen also (auch) auf strukturierte Lernsettings zurückgreifen, ist dies bei Pflegekräften in der Relation seltener der Fall. Das wirft gerade hier die Frage auf, ob für alle Berufsfelder ausreichend Angebote zur Aneignung von Medien- und Digitalkompetenz verfügbar sind. Zudem stellt sich die Frage, ob und inwiefern daraus strukturelle unterschiedliche Zugangsmöglichkeiten je nach Geschlecht, sozio-ökonomischen Stand oder weiteren Gesichtspunkten bestehen. Wenn strukturelle Defizite in der Verteilung von Angeboten bestehen, gilt es diese zu vermindern. Die vorliegenden Ergebnisse geben für derartig ungleiche Chancen deutliche Hinweise. Um diese aber zu erhärten, ist weiterführende Evaluationsforschung sinnvoll, die die Verfügbarkeit und den Bedarf nach Lerngelegenheiten offenlegt. Dort, wo Angebote zur Kompetenzförderung bestehen, ist zu fragen, ob sie ihre Zielgruppen erreichen. So stellt etwa eine der im Projekt realisierten Studien, die sich mit der Kompetenzentwicklung von älteren Migrant*innen auseinandersetzt, fest, dass diese häufig Weiterbildungsangebote nicht kennen (Hartung-Griemberg & Bogen 2023).

## Kompetenzerwerb in unterschiedlichen medialen Handlungsräumen

Medien- und Digitalkompetenz wird handelnd erworben, deswegen ist ihre Ausprägung an die individuellen Lebens- und Handlungsvollzüge von Personen gebunden. Fasst man die zwölf im Fragebogen formulierten Anforderungen an Medien- und Digitalkompetenz zu einem Index zusammen, wird zwar deutlich, dass Jüngere sich insgesamt kompetenter erleben als Ältere. Solche Unterschiede zwischen verschiedenen Altersgruppen fallen jedoch deutlich geringer aus, bezieht man die Nutzung digitaler Anwendungen und die Breite des individuellen Ensembles digitaler Medien mit ein. Kurz: Jüngere nutzen ein breiteres Ensemble digitaler Medien (Herrmann et al. 2023, S. 19-21, Dathe et al. 2022, S. 22-27) und bilden entsprechend dieses Spektrums Kompetenzen aus. Ältere entwickeln Kompetenzen für das schmalere Ensemble digitaler Medien, das in ihrem Alltag gebräuchlich ist. In der Konsequenz ist die Medien- und Digitalkompetenz Jüngerer breiter angelegt, die der Älteren auf ein geringeres Spektrum an Medientätigkeiten und eine kleinere Auswahl digitaler Anwendungen ausgerichtet. Beide Altersgruppen bilden Kompetenzen entsprechend der Kompetenzanforderungen aus, die sich aus ihrem Medienalltag ergeben. Eine Aussage über die Qualität verschiedener Kompetenzausprägungen kann damit aber nicht getroffen werden. Insbesondere ein jugendfixiertes Maßnehmen, das die Kompetenz Älterer defizitär als Abweichung von der Kompetenz Jüngerer beschreibt, ist nicht zielführend.

Um die medienbezogenen Kompetenzen insbesondere der älteren Generationen zu fördern, sollten die medialen Handlungsräume, die ihnen zugänglich sind, erweitert werden. Wünschenswert sind pädagogisch betreute und fehlertolerante Konzepte der Kompetenzförderung, die deutlich über die Wissensvermittlung hinaus gehen. Neben kognitiven und instrumentell-qualifikatorischen Dimensionen von Digital- und Medienkompetenz sollten affektive und soziale Dimensionen in den Fokus gerückt werden. Diese haben eine große Bedeutung für den Kompetenzerwerb (vgl. Cousseran & Brüggen 2022; Süna & Hoffmann 2022). Die konzeptionelle Verankerung von affektiven und sozialen Dimensionen der Medien- und Digitalkompetenz in der Bildungspraxis ermöglicht älteren Menschen, Vorbehalte gegenüber digitalen Medien und Systemen auf der Einstellungsebene zu bearbeiten und zu überwinden. Zudem wird eine defizitorientierte Sichtweise auf das Alter vermieden, die vorwiegend mit einem Mangel an kognitiven und instrumentell-qualifikatorischen Kompetenzen begründet wird. Dies eröffnet dieser Bevölkerungsgruppe Unterstützungsangebote, um die Erleichterungen im Alltag oder auch Chancen für Teilhabe zu realisieren. Zugleich müssten digitale Teilhabeofferten aber auch diese unterschiedlichen Medienensembles konzeptionell berücksichtigen.

## Digital Wellbeing im Zusammenspiel von individuellen Kompetenzen und Rahmenbedingungen

Die Bedeutung der jeweiligen medialen Handlungsräume für die Kompetenzanforderungen zeigen sich auch deutlich in einem weiteren Ergebnisbereich, den wir dem aus dem Englischen entlehnten Begriff Digital Wellbeing zuordnen. Unter Digital Wellbeing (deutsch digitales Wohlbefinden) werden Aspekte gefasst, die im Zusammenhang mit dem Umgang mit digitalen Medien und Systemen das individuelle Wohlbefinden beeinträchtigen können. Es werden auch Maßnahmen diskutiert, die das digitale Wohlbefinden unterstützen können. Dabei geht es bspw. um die (Selbst-)Begrenzung der Bildschirmzeit. So kann das Gefühl, Zeit mit der Nutzung von Medien „vergeudet" zu haben (Baughan 2022) das Wohlbefinden beeinträchtigen. Damit gewinnt die Fähigkeit, sich selbst Grenzen setzen zu können, an Bedeutung. Die Ergebnisse des *Kompass: Künstliche Intelligenz und Kompetenz 2023* legen nahe, dass der Bevölkerung die Kompetenzanforderung, die eigene Medienzeit zu begrenzen, präsent ist. Gerade Jugendliche schätzen sich im Grenzen setzen gegenüber Älteren aber weniger als kompetent ein. Nur etwa jede*r zweite 12- bis 19-Jährige gibt an, das (eher) gut zu können. Im Vergleich zur Einschätzung der Wichtigkeit dieser Kompetenz zeigt sich mithin bei den Jugendlichen eine erkennbare Diskrepanz. Denn das Grenzen setzen schätzen sie ähnlich wichtig ein, wie die anderen Altersgruppen.

Aus der qualitativen Jugendstudie im Projekt wissen wir, dass es gerade auch Charakteristika von algorithmischen Empfehlungssystemen sind, die Jugendlichen das Aufhören erschweren (vgl. Schober et al. 2022). Konkret geht es darum, dass immer weiter auf die persönlichen Interessen abgestimmte Inhalte angezeigt/vorgeschlagen werden und mit jedem Scrollen die Erwartung besteht, einen weiteren relevanten Inhalt zu sehen. Dass diese Kompetenzanforderung gerade für Jugendliche herausfordernd erscheint, hängt auch mit den von ihnen genutzten digitalen Medien und

Systemen und darauf bezogenen Umgangsweisen zusammen. Die beschriebenen Charakteristika sind bspw. bei Suchmaschinen oder Navigationsdiensten weniger relevant. Die unterschiedliche Wahrnehmung der eigenen Fähigkeit beruht also nicht nur auf unterschiedlichen Fähigkeiten, sondern auch darauf, inwiefern die genutzten Angebote das Setzen von Grenzen herausfordern. Dass einer entsprechenden Gestaltung aber nicht nur die thematischen Interessen der Nutzer*innen, sondern auch kommerzielle Interessen der Anbieter zu Grunde liegen, ist bekannt.
Offenkundig spielt sowohl die Angebotsgestaltung als auch die Nutzungsperspektive eine Rolle, inwiefern das digitale Wohlbefinden unterstützt oder beeinträchtigt wird. Ansatzpunkte für ein Umfeld für digitales Wohlbefinden sind mithin die Förderung von Kompetenzen bei den Nutzer*innen und zugleich auch den Interessen der Nutzer*innen orientierte Gestaltung der Angebote. Bei der Ausgestaltung von Rahmenbedingungen und Unterstützungsfunktionen in den Angeboten ist aus unserer Sicht ein in seinen Ergebnissen öffentlich nachvollziehbarer Dialog zwischen Entwickler*innen und Nutzenden unverzichtbar.

## Rahmenbedingungen für eine verantwortungsvolle Datenkultur schaffen

Um den Nutzen von Auswertungsverfahren von KI ausschöpfen zu können, ist die Auswertung von Daten erforderlich. Diese Daten sollten von den Bürger*innen bewusst und freiwillig zur Verfügung gestellt werden. Diese Vision verfolgt die Datenstrategie der Bundesregierung, mit der eine neue Ära der Datennutzung befördert werden soll. Dieses Ziel setzt eine kompetente Bevölkerung voraus und ebenso die Verantwortungsübernahme durch die Datenverarbeitenden, denen dann auch Vertrauen geschenkt wird.
Hier zeigen die Ergebnisse: Datenschutz ist der Bevölkerung ein Anliegen – sowohl in Bezug auf digitale Medien allgemein als auch auf ausgewählte KI-Systeme. Daten zu schützen scheint wichtig und dennoch auf individueller Ebene schwer umzusetzen zu sein – in mehrfacher Hinsicht. Obgleich die Befragten mehrheitlich grundlegende Privatsphäreeinstellungen vornehmen können, sehen sie Herausforderungen bei der Einschätzung, ob Unternehmen verantwortungsbewusst mit den eigenen Daten umgehen. 40 Prozent der Befragten trauen sich dies (eher) nicht zu. Dies markiert einen Handlungsbedarf für die Tech-Branche, die Bildungspraxis und – übergreifend durch die Gestaltung von Rahmenbedingungen – für die Politik. Gerade an Tech-Unternehmen wird dabei häufig die Forderung gestellt, dass sie Transparenz über die Verarbeitung von Daten durch die KI-Systeme herstellen müssen. Dies wird u. a. auch im Zusammenhang mit dem AI Act der Europäischen Union diskutiert (MDR 2023). Bereits mit Blick auf die Datenschutzgrundverordnung wurde aber diskutiert, dass eine Transparenz über die möglichen Folgen der Auswertung wichtiger wäre als die Information, welche Daten verarbeitet werden. Denn an den Folgen bemisst sich, inwiefern und für wen Chancen oder Risiken aus der Datenauswertung resultieren. Dies ist ebenfalls eine Forderung nach Transparenz, die aber weiter reicht als die Forderung der Offenlegung von verwendeten Daten, die für Laien wenig Aussagekraft haben dürfte. Zugleich könnte offengelegt werden, inwiefern Mechanismen etabliert wurden, um die Verstärkung und auch Reproduktion von sozialen Ungleichheiten zu verhindern. Potenziell negative Folgen erwarten zumindest mehr als die Hälfte der Befragten aus einer Bewertung durch KI-Systeme. Hier wäre ein vertrauensstiftender Beitrag zu sehen, wenn über Siegel oder andere Nachweise dargestellt würde, dass hier entsprechende Vorkehrungen getroffen werden. Flankiert werden müsste dies mit der Kompetenzförderung in der Bevölkerung, die eine realistische Vorstellung von Chancen und Risiken entwickeln und diskursiv erschließen muss. Die Auseinandersetzung mit Künstlicher Intelligenz in Bildungsangeboten sollte folgende Schwerpunkte umfassen (vgl. Brüggen & Sūna 2023):

- das Bewusstsein und das Wissen über die Rolle von KI-getriebenen Prozessen in digitalen Medien und Anwendungen (Online-Apps, Social-Media-Plattformen, Online-Dienste)
- das Wissen über die Funktionsweise von KI-Anwendungen
- die Fähigkeit, KI-geprägte Entscheidungen kritisch und affektiv zu bewerten und zu hinterfragen und die Konsequenzen für sich und die Gesellschaft zu bewerten
- die Fähigkeit, mit der Prägekraft von KI-Anwendungen umzugehen sowie diese ggf. zu bewältigen und zu beeinflussen und mit dieser sozial verantwortlich umzugehen.

Die vorliegende Studie gibt einen Einblick, inwieweit diese Kompetenzbereiche derzeit in der Bevölkerung ausgeprägt sind, und weist entsprechende Handlungsbedarfe aus. Inwiefern diese Handlungsbedarfe erfolgreich adressiert werden, kann eine erneute Durchführung der Studie ausweisen.

# Literaturverzeichnis


Baughan, Amanda/Zhang, Mingrui Ray/Rao, Raveena/Lukoff, Kai/Schaadhardt, Anastasia/Butler, Lisa D./Hiniker, Alexis (2022). "I Don't Even Remember What I Read": How Design Influences Dissociation on Social Media. In: Simone Barbosa (Hg.): CHI Conference on Human Factors in Computing Systems. Unter Mitarbeit von Cliff Lampe, Caroline Appert, David A. Shamma, Steven Drucker, Julie Williamson und Koji Yatani. CHI '22: CHI Conference on Human Factors in Computing Systems. New Orleans LA USA, 29 04 2022 05 05 2022. ACM Special Interest Group on Computer-Human Interaction; ACM SIGs. New York, NY, United States: Association for Computing Machinery (ACM Digital Library), S. 1-13.

Brüggen, Niels/Sūna, Laura (2023). „Zur Vielfalt an Kompetenzbegriffen im Kontext des digitalen Wandelns". Im Online-Magazin „kompetent. Wissen, Fühlen, Handeln im digitalen Wandel", Online verfügbar unter https://digid.jff.de/magazin/digitales-deutschland/zur-vielfalt-an-kompetenzbegriffen-im-kontext-des-digitalen-wandels/ https://digid.jff.de/magazin/digitales-deutschland/ [Zugriff 03.11.2023].

Cousseran, Laura/Brüggen, Niels (2022). Affektiv kompetent. Im Online-Magazin „kompetent. Wissen, Fühlen, Handeln im digitalen Wandel". https://digid.jff.de/magazin/emotionen/affektiv-kompetent/ [Zugriff 26.10.2023].

Datenschutzkonferenz (2021). Orientierungshilfe der Aufsichtsbehörden für Anbieter:innen von Telemedien ab dem 1. Dezember 2021. (OH Telemedien 2021). Online verfügbar unter https://www.datenschutzkonferenz-online.de/media/oh/20211220_oh_telemedien.pdf. [Zugriff 26.10.2023].

Dathe, Roland/Jahn, Sandy/Müller, Lena-Sophie/Exel, Stefanie/Herrmann, Amelie/Fröhner, Cosima (2022). D21-Digital-Index 2021/2022. Jährliches Lagebild zur Digitalen Gesellschaft. Hg. v. Initiative D21 e.V. (D21-Digital-Index). Online verfügbar unter https://initiatived21.de/d21index21-22/. [Zugriff 26.10.2023].

Dathe, Roland/Jahn, Sandy/Müller, Lena-Sophie/Exel, Stefanie/Herrmann, Amelie/Paul, Linda (2021). D21-Digital-Index 2020/2021. Jährliches Lagebild zur Digitalen Gesellschaft. Hg. v. Initiative D21 e.V. (D21-Digital-Index). Online verfügbar unter https://initiatived21.de/app/uploads/2021/02/d21-digital-index-2020_2021.pdf. [Zugriff 03.11.2023].

Dathe, Roland/Müller, Lena-Sophie/Boberach, Michael/Exel, Stefanie/Baethge, Catherine Bettina/ Bastin, Melanie (2019). D21-Digital-Index 2018/2019. Jährliches Lagebild zur Digitalen Gesellschaft. 1. Auflage. Hg. v. Initiative D21 e.V. Berlin (D21-Digital-Index). Online verfügbar unter https://initiatived21.de/app/uploads/2019/01/d21_index2018_2019.pdf. [Zugriff 03.11.2023].

Deutsch, Kim Lucia/Kuhn, Sebastian (2019). Das Märchen der Digital Natives. In: MedienPädagogik 36, S. 37-47. DOI: 10.21240/mpaed/36/2019.11.11.X.

Deutscher Ethikrat (2023). Mensch und Maschine – Herausforderungen durch Künstliche Intelligenz. Stellungnahme. Kurzfassung. Online verfügbar unter www.ethikrat.org/fileadmin/Publikationen/Stellungnahmen/deutsch/stellungnahme-mensch-und-maschine-kurzfassung.pdf [Zugriff: 13.11.2023].

Deutsches Institut für Vertrauen und Sicherheit im Internet (DIVSI) (Hg.) (2018). DIVSI U25-Studie - Euphorie war gestern Die „Generation Internet" zwischen Glück und Abhängigkeit. Online verfügbar unter https://www.divsi.de/wp-content/uploads/2018/11/DIVSI-U25-Studie-euphorie.pdf [Zugriff 03.11.2023].

Digitales Deutschland (2021). Rahmenkonzept. Online verfügbar unter https://digid.jff.de/rahmenkonzept. [Zugriff 03.11.2023].

Englert, Kathrin/Hoffmann, Dagmar/Waldecker, David (2022). „Tut mir leid, ich verstehe nicht ganz". Smart Speaker als vermeintliche Gesprächspartner*innen. In: merz. Medien + Erziehung. Zeitschrift für Medienpädagogik 66 (2), S. 24-34. Online verfügbar unter https://www.merz-zeitschrift.de/alle-ausgaben/

details/2022-02-sprache-und-medien/. [Zugriff 03.11.2023].

Feierabend, Sabine/Rathgeb, Thomas/Kheredmand, Hediye/Glöckler, Stephan (2021). JIM 2021. Jugend, Information, Medien. Hg. v. Medienpädagogischer Forschungsverbund Südwest (mpfs). Stuttgart.

Festl, Ruth/Langmeyer, Alexandra/Walper, Sabine/Vodafone Stiftung Deutschland gGmbH (2019). Studie: Jung! Digital! Sozial? Erklärungsfaktoren für Online-Sozialkompetenzen im Kindes- und Jugendalter Eine Studie des Deutschen Jugendinstituts, gefördert durch die Vodafone Stiftung. Hg. v. Vodafone Stiftung Deutschland gGmbH. Düsseldorf. Online verfügbar unter https://www.vodafone-stiftung.de/wp-content/uploads/2019/10/Vodafone_Stiftung_Studie__Sozialkompetenzen-online.pdf [Zugriff 03.11.2023].

Field, Andy/Miles, Jeremy/Field, Zoe (2012). Discovering statistics using R. Los Angeles, Calif.: Sage.

Hartung-Griemberg, Anja/ Bogen, Cornelia (2022). Ermöglichungsbedingungen des Erwerbs von Digitalkompetenzen im Alter. Ergebnisse einer Expert*innen-Studie. In: Stimme der Familie 69, Heft 4, S. 3-7.

Hartung-Griemberg, Anja/Bogen, Cornelia (in Vorbereitung). „Eine Frage des Geschlechts? Digitalkompetenzen im fortgeschrittenen Lebensalter". Noch unveröffentlichte Studie, erscheint voraussichtl. Ende Dezember 2023 im Forschungsjournal Soziale Bewegungen. Analysen zu Demokratie und Zivilgesellschaft, Heft 4/2023.

Helsper, Ellen J./Schneider, Luc S./van Deursen, Alexander J.A.M./van Laar, Ester (2020). The youth Digital Skills Indicator: Report on the conceptualisation and development of the ySKILLS digital skills measure. Leuven. Online verfügbar unter https://zenodo.org/record/4608010. [Zugriff 03.11.2023].

Herrmann, Simon/Cousseran, Laura/Tausche, Sandrine/Pfaff-Rüdiger, Senta/Brüggen, Niels (2023). Kompass: Künstliche Intelligenz und Kompetenz 2022. Mediennutzung und Einstellung gegenüber KI.

Initiative D21 e.V./Technische Universität München (Hg.) (2022). eGovernment Monitor 2022. Nutzen und akzeptieren Bürger*innen die digitale Verwaltung? Die deutschen Bundesländer, Deutschland, Österreich und die Schweiz im Vergleich. Online verfügbar unter https://initiatived21.de/app/uploads/2022/10/egovernment_monitor_2022.pdf. [Zugriff 03.11.2023].

Jacob, Rüdiger/Heinz, Andreas/Décieux, Jean Philippe (2013). Umfrage. Einführung in die Methoden der Umfrageforschung. 3rd ed. München: Oldenbourg Verlag. Online verfügbar unter https://doi.org/10.1524/9783486736175. [Zugriff 03.11.2023].

Lechert, Yvonne/Schroedter, Julia H./Lüttinger, Paul (2006). Die Umsetzung der Bildungsklassifikation CASMIN für die Volkszählung 1970, die Mikrozensus-Zusatzerhebung 1971 und die Mikrozensen 1976-2004. Mannheim. Online verfügbar unter https:// ssoar.info/ssoar/bitstream/handle/document/26235/ ssoar-2006-lechert_et_al-die_umsetzung_der_bildungsklassifikation_casmin.pdf?sequence=1&isAllowed=y&lnkname=ssoar-2006-lechert_et_al-die_umsetzung_der_bildungsklassifikation_casmin.pdf [Zugriff: 26.10.2023]

Mayrberger, Kerstin (2021). Expertise Learning Analytics. Unter Berücksichtigung von Bildungsdatenkompetenz für datenbasierte Entscheidungsfindung im Kontext von Lernen, Lehren, Prüfen und Beraten sowie Gestalten und Administrieren von Lernumgebungen unter den Bedingungen von Digitalisierung und Digitalität im Rahmen des vom BMFSFJ geförderten Forschungsverbundprojektes „Digitales Deutschland – Ein Kompass für die Bildungspolitik zum Themenschwerpunkt Künstliche Intelligenz (KI) und Kompetenz". Online verfügbar unter https://digid.jff.de/kuenstliche-intelligenz-in-den-bildungswissenschaften-prof-dr-kerstin-mayrberger/. [Zugriff 03.11.2023].

MDR (2023). Künstliche Intelligenz: Brauchen wir ein Bundesamt für KI-Überwachung? EU-Regulierung „AI Act". Online verfügbar unter https://www.mdr.de/wissen/ki-kuenstliche-intelligenz-ai-act-regulierung-eu-100.html. [Zugriff 03.11.2023].

Pfaff-Rüdiger, Senta/Herrmann, Simon/Cousseran, Laura/Brüggen, Niels (2022). Kompass: Künstliche Intelligenz und Kompetenz 2022. Wissen und Handeln im Kontext von KI. Hg. v. - Institut für Medienpädagogik in Forschung und Praxis. Mü. München. Online verfügbar unter https://zenodo.org/record/6668913#.Y01Xe0zP2Ul [Zugriff 03.11.2023].

Rathgeb, Thomas/Doh, Michael/Tremmel, Florian/Jokisch, Mario R./Groß, Ann-Kathrin (2022). SIM-Studie 2021. Senior*innen, Information,

Medien - Basisuntersuchung zum Medienumgang von Personen ab 60 Jahren in Deutschland. Hg. v. Medienpädagogischer Forschungsverbund Südwest (mpfs). Stuttgart.

Schober, Maximilian/Lauber, Achim/Bruch, Louisa/Herrmann, Simon/Brüggen, Niels (2022). „Was ich like, kommt zu mir". Kompetenzen von Jugendlichen im Umgang mit algorithmischen Empfehlungssystemen. München: kopaed.

Schorb, Bernd (2017). Medienkompetenz. In: Bernd Schorb, Anja Hartung-Griemberg und Christine Dallmann (Hg.): Grundbegriffe Medienpädagogik. 6., neu verfasste Auflage. München: kopaed.

Schultze, Joachim L. (2021). Künstliche Intelligenz in der Medizin und den Lebenswissenschaften. Online verfügbar unter https://digid.jff.de/kuenstliche-intelligenz-in-der-medizin-und-den-lebenswissenschaften-prof-dr-med-joachim-l-schultze/. [Zugriff 03.11.2023].

Sūna, Laura (2023). Migrants' Imaginaries and Awareness of Discrimination by Artificial Intelligence: A Conceptual Framework for Analysing Digital Literacy. In Weizenbaum Conference" Practicing Sovereignty: Interventions for Open Digital Futures" (pp. 15-25). DEU.

Sūna, Laura/Hoffmann, Dagmar (2022). Online-Kommentare zu KI – zwischen Angst und Hoffnung. Im Online-Magazin „kompetent. Wissen, Fühlen, Handeln im digitalen Wandel". Online verfügbar unter https://digid.jff.de/magazin/emotionen/online-kommentare-ki/ [Zugriff: 26.10.2023].

Sūna, Laura/Hoffmann, Dagmar (2021). Künstliche Intelligenz und KI-bezogene Kompetenzen. Ein Forschungsüberblick. Online verfügbar unter https://digid.jff.de/auswertung-ki-kompetenzen/. [Zugriff 03.11.2023].

Weinert, Franz E. (Hg.) (2001). Leistungsmessungen in Schulen. Weinheim, Basel: Beltz.

Zell, Ethan/Krizan, Zlatan (2014). Do People Have Insight Into Their Abilities? A Metasynthesis. In: *Perspectives on psychological science : a journal of the Association for Psychological Science* 9 (2), S. 111-125. DOI: 10.1177/1745691613518075.

# Anhang

## Anhang A: Struktur des Fragebogens 2023

**Lassen Sie uns mit Ihren persönlichen Erfahrungen bei der Nutzung digitaler Medien beginnen. Nutzen Sie, zumindest gelegentlich folgende Geräte ...?**

1. ...einen PC, Laptop, Mac-Book
2. ...ein Smartphone
3. ...ein Tablet, I-Pad
4. ...einen E-Book-Reader wie z. B. Kindle
5. ...eine Spielkonsole
6. ...ein Wearable, d.h. ein am Körper tragbares Gerät wie eine Smartwatch oder ein Fitnessarmband
7. ... Smart Speaker, wie z. B. Amazon Echo mit Alexa

- Ja
- Nein
- weiß nicht [nicht vorlesen]
- keine Angabe [nicht vorlesen]

**Bitte geben Sie an, wie häufig Sie das Internet oder Internetdienste nutzen.**

- täglich
- ein oder mehrmals pro Woche
- ein oder mehrmals im Monat
- seltener
- nie
- weiß nicht [nicht vorlesen]
- keine Angabe [nicht vorlesen]

**Bitte geben Sie an, wie häufig Sie persönlich die folgenden Dienste bzw. Anwendungen nutzen.**

1. ...Suchmaschinen, wie z.B. Google
2. ...soziale Netzwerkseiten, wie z.B. Facebook, Instagram, YouTube, TikTok
3. ...Messenger Dienste, wie z.B. WhatsApp, iMessage, Telegram, Threema, Signal
4. ...Streaming Anbieter, wie z.B. Netflix, Amazon Prime
5. ...Online-Shopping
6. ...Gesundheitsmonitoring, z.B. Schritte zählen, Blutdruck messen über Geräte wie Smartwatch/Smartphone
7. ...Sprachassistenten, wie z.B. Siri oder Alexa
8. ...Routen-Informationen, z.B. von Google Maps oder Navigations-/GPS-Gerät
9. ...Spiele im Internet spielen
10. ...Online-Banking, also Bankgeschäfte über das Internet
11. ...Online-Dienste bei Verwaltungsleistungen wie z. B. Anträgen für Bafög, Elterngeld oder ein Führungszeugnis

**Nutzen Sie dies persönlich...?**

- täglich
- ein oder mehrmals pro Woche
- ein oder mehrmals im Monat
- seltener
- nie
- weiß nicht [nicht vorlesen]
- keine Angabe [nicht vorlesen]

**[Nur für Nicht- und Wenignutzer*innen] Es gibt ja viele Gründe, warum Menschen das Internet oder digitale Medien nicht oder nur selten nutzen. Ich lese Ihnen nun einige Gründe vor. Geben Sie bitte jeweils an, ob diese auf Sie persönlich zutreffen, teils-teils zutreffen oder nicht zutreffen.**

1. Ich habe generell kein Interesse an digitalen Medien.
2. Die Nutzung digitaler Medien ist mir zu kompliziert.
3. Ich sehe für mich keinen Nutzen/Vorteil darin.
4. Andere Leute wie Kinder, Freunde/Partner erledigen für mich mit, was ich brauche.
5. „Klassische" Medien wie Zeitung, Radio, Fernsehen sind für mich ausreichend.
6. Ich habe Bedenken wegen der Sicherheit z.B. in Bezug auf Datenschutz, Überwachung.
7. Mir ist das Internet unheimlich.
8. Die Nutzung digitaler Medien ist mir zu zeitaufwändig.
9. Ich kann mir digitale Geräte nicht leisten.
10. Die Geschwindigkeit des Internets in meiner Gegend ist zu gering.
11. Ich habe digitale Medien früher genutzt und verzichte jetzt bewusst darauf.
12. Ich kann das nicht mehr lernen.
13. Weiteres, und zwar: _______

- trifft zu
- teils-teils
- trifft nicht zu
- weiß nicht [nicht vorlesen]
- keine Angabe [nicht vorlesen]

**[Nur für Nutzer*innen] Im Folgenden geht es darum, wie Sie selbst Ihre Kompetenzen bei der Nutzung digitaler Medien einschätzen. Sagen Sie mir bitte zu den folgenden Dingen, wie gut Sie das können. Falls Sie dies nicht tun, sagen Sie, dass es nicht auf Sie zutrifft.**

1. Wenn ich eine Frage habe, kann ich online passende Informationen finden.
2. Ich kann einschätzen, ob Online-Informationen auf glaubwürdigen Quellen beruhen.
3. Ich kann Inhalte im Internet auswählen, um mich zu unterhalten, z.B. Filme oder Spiele.
4. Ich kann die Einstellungen von digitalen Diensten und Geräten entsprechend meinen persönlichen Wünschen ändern.
5. Ich kann mögliche Risiken der Nutzung von digitalen Medien und Online-Diensten erkennen.
6. Ich kann eigene kreative Inhalte mit digitalen Medien erstellen, z.B. Musik, Bilder oder Videos.
7. Ich kann eigene kreative Inhalte mit anderen teilen.
8. Ich kann technische Schwierigkeiten mit digitalen Medien selbstständig beheben.
9. Ich kann respektvoll auf Inhalte von anderen im Internet reagieren, beispielsweise in Kommentaren.
10. Ich kann mir selbst Grenzen setzen, was die Dauer meiner digitalen Mediennutzung betrifft.
11. Ich kann gut einschätzen, wem ich online vertrauen kann und wem nicht.
12. Ich kann digitale Medien so nutzen, dass es mir guttut.

**Können Sie dies...?**

- sehr gut
- eher gut
- teils teils
- eher nicht gut
- gar nicht
- trifft nicht auf mich zu [nicht vorlesen]
- weiß nicht [nicht vorlesen]
- keine Angabe [nicht vorlesen]

**[Nur für Nutzer*innen] Nun geht es um das Thema Datenschutz. Bitte geben Sie an, inwiefern folgende Aussagen auf Sie zutreffen.**

1. Ich weiß, wie ich Datenschutzeinstellungen anpassen kann.
2. Ich weiß, wie ich die Standorteinstellungen auf mobilen Geräten deaktivieren kann.
3. Ich weiß, wie ich erkennen kann, ob ein WLAN-Netz sicher ist.
4. Ich weiß, wie ich die Aufzeichnungen von Websites, die ich zuvor besucht habe, löschen kann (z. B. Chronik, Suchverlauf).
5. Ich weiß, wie ich mein Gerät schützen kann (z. B. mit einer PIN, einem Bildschirmmuster, einem Fingerabdruck, Gesichtserkennung)

- trifft voll und ganz zu
- trifft eher zu
- teils teils
- trifft eher nicht zu
- trifft gar nicht zu
- weiß nicht [nicht vorlesen]
- keine Angabe [nicht vorlesen]

**[Nur für Nutzer*innen] Nun interessiert uns, wie wichtig es Ihrer Meinung nach ist, dass Menschen heutzutage in der Lage sind, ...?**

1. ... wenn sie eine Frage haben, online passende Informationen zu finden.
2. ... einzuschätzen, ob Online-Informationen auf glaubwürdigen Quellen beruhen.
3. ... Inhalte im Internet auszuwählen, um sich zu unterhalten, z.B. Filme oder Spiele.
4. ... die Einstellungen von digitalen Diensten und Geräten entsprechend den persönlichen Wünschen zu ändern.
5. ... mögliche Risiken der Nutzung von digitalen Medien und Online-Diensten zu erkennen.
6. ... eigene kreative Inhalte mit digitalen Medien zu erstellen, z.B. Musik, Bilder oder Videos.
7. ... eigene kreative Inhalte mit anderen zu teilen.
8. ... technische Schwierigkeiten mit digitalen Medien selbstständig zu beheben.
9. ... respektvoll auf Inhalte von anderen im Internet zu reagieren, beispielsweise in Kommentaren.
10. ... sich selbst Grenzen setzen, was die Dauer der digitalen Mediennutzung betrifft.
11. ... gut einzuschätzen, wem man online vertrauen kann und wem nicht.
12. ... digitale Medien so zu nutzen, dass es einem gut tut.
13. ... die eigenen Online-Daten zu schützen.

**Ist dies aus Ihrer Sicht…?**

- sehr wichtig
- eher wichtig
- teils teils
- eher nicht wichtig
- überhaupt nicht wichtig
- weiß nicht [nicht vorlesen]
- keine Angabe [nicht vorlesen]

**[Nur für Nutzer*innen] Wie haben Sie die Kompetenzen im Umgang mit digitalen Medien erworben? [Mehrfachantwort möglich]**

1. Schule und/oder Universitäten
2. Medienkompetenzzentren oder andere außerschulische Lernorte
3. Kolleg*innen bzw. berufliche Weiterbildungsangebote
4. Freund*innen
5. Familie
6. Online-Communities (z.B. YouTube Tutorials, Internetforen)
7. Habe ich mir selbst beigebracht.

- ja
- nein
- weiß nicht [nicht vorlesen]
- keine Angabe [nicht vorlesen]

**Gibt es aus Ihrer Sicht etwas, für das Menschen Ihrer Altersgruppe mit Bezug auf digitale Medien besondere Unterstützung brauchen?**

- ja, nämlich: _______________
- nein
- weiß nicht [nicht vorlesen]
- keine Angabe [nicht vorlesen]

**Jetzt würde ich mich gerne mit Ihnen über das Thema „Künstliche Intelligenz“ unterhalten. Haben Sie schon einmal vom Begriff „Künstliche Intelligenz“ oder „KI“ gehört bzw. gelesen?**

- ja
- nein
- weiß nicht [nicht vorlesen]
- keine Angabe [nicht vorlesen]

**[Nur für Befragte, die den Begriff KI kennen] Sagen Sie mir bitte, welche der folgenden Aussagen auf Sie zutrifft, wenn es um Künstliche Intelligenz geht?**

- Ich würde mich als Experten bzw. Expertin bezeichnen.
- Ich bin zwar kein Experte bzw. keine Expertin, kann aber ganz gut erklären, was man darunter
- versteht.
- Ich weiß in etwa, was man darunter versteht.
- Ich weiß nicht, was man darunter versteht.

- weiß nicht [nicht vorlesen]
- keine Angabe [nicht vorlesen]

**[Nur für Befragte, die den Begriff KI kennen] Woran denken Sie spontan, wenn Sie den Begriff „Künstliche Intelligenz“ hören? [offene Frage]**

- weiß nicht [nicht vorlesen]
- keine Angabe [nicht vorlesen]

**[Nur für Befragte, die den Begriff KI kennen] Was fällt Ihnen sonst noch ein beim Begriff „Künstliche Intelligenz“? [offene Frage]**

- weiß nicht [nicht vorlesen]
- keine Angabe [nicht vorlesen]

**[Nur für Befragte, die den Begriff KI kennen] Ich habe hier noch ein paar Aussagen zu Künstlicher Intelligenz. Bitte geben Sie jeweils an, inwiefern das Folgende auf Sie zutrifft. Ich weiß, ...**

1. ... in welchen technischen Geräten KI steckt.
2. ... wie maschinelles Lernen funktioniert.
3. ... welche ethischen Probleme KI mit sich bringt.
4. ... woran ich erkenne, ob Unternehmen verantwortungsbewusst mit meinen Daten umgehen.
5. ... wie ich Spuren von mir im Internet löschen kann, wie z.B. Cookies, Suchverläufe oder Datenprotokolle.
6. ..., dass Menschen eine wichtige Rolle beim Programmieren von KI-Systemen spielen.
7. ..., dass KI-Systeme aus Daten, auch aus meinen eigenen, lernen.

- trifft voll und ganz zu
- trifft eher zu
- teils teils
- trifft eher nicht zu
- trifft gar nicht zu
- keine Angabe [nicht vorlesen]

**[Nur für Befragte, die den Begriff KI kennen] Welches KI-System nutzen Sie in Ihrem Alltag am häufigsten? [offene Frage]**

- keins [nicht vorlesen]
- weiß nicht [nicht vorlesen]
- keine Angabe [nicht vorlesen]

**[Nur Personen, die ein KI-System angegeben haben] Welcher Kategorie würden Sie Ihr ausgewähltes KI-System zuordnen?**

- Suchmaschinen
- Social Media
- Streaming-Dienste

- Online-Shopping
- Routeninformation
- Sprachassistenten
- Weiteres: _______
- weiß nicht [nicht vorlesen]
- keine Angabe [nicht vorlesen]

**[Nur Personen, die ein KI-System angegeben haben] Ich lese Ihnen jetzt Aussagen zu KI-Systemen vor. Bitte geben Sie jeweils an, wie gut Sie dies können, wenn Sie an Ihre eigenen Fähigkeiten denken. Denken Sie dabei an das KI-System, das Sie in Ihrem Alltag am häufigsten nutzen. Wenn Ihnen das KI-System diese Möglichkeit nicht bietet, sagen Sie das bitte.**

- Ich kann gezielt Einfluss auf das nehmen, was mir von KI-Systemen vorgeschlagen wird (z. B. dadurch, was ich anklicke).
- Wenn die Ergebnisse von KI-Systemen nicht meinen Erwartungen entsprechen, kann ich die Suche so ändern, dass ich zu einem befriedigenden Ergebnis komme.
- Ich kann meine Daten bei der Nutzung von KI-Systemen schützen.
- Ich kann mögliche Risiken bei der Nutzung von KI-Systemen erkennen.

**Können Sie dies...?**

- sehr gut
- eher gut
- teils teils
- eher nicht gut
- gar nicht gut
- diese Möglichkeit gibt es bei „meinem" KI-System nicht [nicht vorlesen]
- weiß nicht [nicht vorlesen]
- keine Angabe [nicht vorlesen]

**[Nur für Befragte, die den Begriff KI kennen] Nun interessiert uns, wie wichtig es Ihrer Meinung nach ist, dass Menschen heutzutage in der Lage sind, ...?**

1. ... gezielt Einfluss auf das zu nehmen, was einem von KI-Systemen vorgeschlagen wird (z. B. dadurch, was man anklickt).
2. ...wenn die Ergebnisse von KI-Systemen nicht den eigenen Erwartungen entsprechen, die Suche so ändern zu können, dass man zu einem befriedigenden Ergebnis kommt.
3. ... die eigenen Daten bei der Nutzung von KI-Systemen schützen zu können.
4. ... mögliche Risiken bei der Nutzung von KI-Systemen erkennen zu können.

**Ist dies aus Ihrer Sicht...?**

- sehr wichtig
- eher wichtig
- teils teils
- eher nicht wichtig
- überhaupt nicht wichtig
- weiß nicht [nicht vorlesen]
- keine Angabe [nicht vorlesen]

**[Nur für Befragte, die den Begriff KI kennen] Künstliche Intelligenz ist mittlerweile auch in Gesellschaft, Politik und Wirtschaft ein Thema. Bitte geben Sie jeweils zu den folgenden Aussagen an, ob Sie diesen zustimmen, teils-teils zustimmen oder nicht zustimmen.**

1. KI hilft, Fehler zu vermeiden.
2. KI wird genutzt, um Menschen zu manipulieren.
3. Wir werden durch KI noch abhängiger von Technologie als bisher.
4. Der Mensch wird immer die Kontrolle über Anwendungen mit KI haben.
5. Technik mit KI wird Arbeitsplätze von Menschen ersetzen.
6. KI-Systeme können Menschen bewerten, sodass diesen dadurch Nachteile entstehen.
7. KI kann in der Medizin helfen, richtige Diagnosen und Therapievorschläge zu erstellen.
8. KI-Systeme frustrieren manchmal, weil sie nicht das machen, was man möchte.
9. KI-Systeme überraschen einen manchmal positiv mit ihren Ergebnissen, die man gerne übernimmt (z.B. mit Vorschlägen, die besonders gut passen).
10. Den Empfehlungen von KI-Systemen kann man in der Regel vertrauen.

- stimme voll und ganz zu
- stimme eher zu
- teils teils
- stimme eher nicht zu
- stimme gar nicht zu
- weiß nicht [nicht vorlesen]
- keine Angabe [nicht vorlesen]

**[Nur für Befragte, die den Begriff KI kennen] Abschließend noch eine ganz allgemeine Frage: Sehen Sie Künstliche Intelligenz für sich persönlich...?**

- eindeutig als Chance
- eher als Chance
- teils/teils
- eher als Gefahr
- eindeutig als Gefahr
- weiß nicht [nicht vorlesen]
- keine Angabe [nicht vorlesen]

**[Nur für Befragte, die den Begriff KI kennen] Und in Bezug auf die Gesellschaft insgesamt? Sehen Sie Künstliche Intelligenz da ...?**

- eindeutig als Chance
- eher als Chance
- teils/teils
- eher als Gefahr
- eindeutig als Gefahr
- weiß nicht [nicht vorlesen]
- keine Angabe [nicht vorlesen]

**[Bitte Geschlecht angeben!]**

- männlich
- weiblich
- divers

**Darf ich fragen, wie alt Sie sind? [offene Frage]**

- Keine Angabe [nicht vorlesen]

**Haben Sie eine länger andauernde gesundheitliche Beeinträchtigung, die Sie im Alltag einschränkt (z.B. bei der Erledigung von Aufgaben zu Hause, am Arbeitsplatz, bei Freizeitaktivitäten oder wenn Sie unterwegs sind)? Diese gesundheitliche Beeinträchtigung kann körperlich, seelisch oder geistig sein. [Bei Nachfrage, was länger andauernd bedeutet, „ungefähr 6 Monate oder länger" als Orientierung nennen]**

- Nein
- Ja, nämlich: _____
- weiß nicht [nicht vorlesen]
- keine Angabe [nicht vorlesen]

**Welchen höchsten allgemeinen Bildungsabschluss haben Sie?**

- noch Schüler*in [bei Bedarf vorlesen]
- Kein Abschluss [bei Bedarf vorlesen]
- Volks-/Hauptschule ohne abgeschlossene Lehre [bei Bedarf vorlesen]
- Volks-/Hauptschule mit abgeschlossener Lehre [bei Bedarf vorlesen]
- Weiterführende Schule ohne Abitur [bei Bedarf vorlesen]
- Abitur / Fachhochschulreife [bei Bedarf vorlesen]
- Fach- / Hochschulstudium [bei Bedarf vorlesen]
- anderer Schulabschluss [bei Bedarf vorlesen]
- weiß nicht [nicht vorlesen]
- keine Angabe [nicht vorlesen]

**[Nur für Schüler*innen] Welchen höchsten Schulabschluss streben Sie an?**

- Volks-/Hauptschulabschluss [bei Bedarf vorlesen]
- Realschule/Mittlere Reife [bei Bedarf vorlesen]
- Fachhochschulreife [bei Bedarf vorlesen]
- Abitur [bei Bedarf vorlesen]
- Anderes [bei Bedarf vorlesen]
- weiß nicht [nicht vorlesen]
- keine Angabe [nicht vorlesen]

**[Alle außer Schüler*innen] Was von dem Folgenden trifft auf Sie zu? Sind Sie...**

- ganztags berufstätig (auch mithelfend oder Berufssoldat) [bei Bedarf vorlesen]
- halbtags oder stundenweise berufstätig (Teilzeit, auch in Heimarbeit, mithelfend) [bei Bedarf vorlesen]
- in einer Berufsausbildung, Lehre [bei Bedarf vorlesen]
- zurzeit Kurzarbeiter(in) [bei Bedarf vorlesen]
- zurzeit arbeitslos, auch: Null-Kurzarbeit [bei Bedarf vorlesen]
- Rentner*in, Pensionär*in [bei Bedarf vorlesen]
- im Vorruhestand [bei Bedarf vorlesen]
- Hausfrau /-mann [bei Bedarf vorlesen]
- Hochschulausbildung [bei Bedarf vorlesen]

- im Bundesfreiwilligendienst [bei Bedarf vorlesen]

**[Alle Berufstätigen] Welche berufliche Tätigkeit üben Sie zurzeit aus? Bitte beschreiben Sie die Tätigkeit so genau wie möglich, also z. B. „Schuhverkäufer*in" statt „Verkäufer*in" [offene Frage]**

- keine Angabe [nicht vorlesen]

**[Alle Berufstätigen] Hat dieser Beruf noch einen besonderen Namen?**

- Ja, und zwar: _______________ [offen]
- Nein
- keine Angabe [nicht vorlesen]

**[Alle zurzeit nicht mehr Berufstätigen] Welche berufliche Tätigkeit haben Sie zuletzt ausgeübt? Bitte beschreiben Sie die Tätigkeit so genau wie möglich, also z. B. „Schuhverkäufer*in" statt „Verkäufer*in" [offene Frage]**

- keine Angabe [nicht vorlesen]

**[Alle zurzeit nicht mehr Berufstätigen] Hat dieser Beruf noch einen besonderen Namen?**

- Ja, und zwar: _______________ [offen]
- Nein
- keine Angabe [nicht vorlesen]

**Wie viele Personen leben ständig in Ihrem Haushalt, Sie selbst miteingeschlossen? Denken Sie bitte auch an alle im Haushalt lebenden Kinder.**

- Eine Person
- Zwei Personen
- Drei Personen
- Vier Personen
- Fünf Personen und mehr
- keine Angabe [nicht vorlesen]

**[Alle, außer Personen, die allein leben] Und wie viele der Personen in Ihrem Haushalt sind Kinder unter 18 Jahre?**

- Eine Person
- Zwei Personen
- Drei Personen
- Vier Personen
- Fünf Personen und mehr
- keine [nicht vorlesen]
- keine Angabe [nicht vorlesen]

**[Eine Person] Wie alt ist das Kind? _____ [offen]**

**[Mehrere Personen] Wie alt sind die Kinder? _____ [offen]**

- keine Angabe [nicht vorlesen]

**Sind Sie nach Deutschland eingewandert ODER hatten Sie bei Ihrer Geburt eine ausländische Staatsangehörigkeit?**

- Ja, und zwar: _______________ [offen]
- Nein
- keine Angabe [nicht vorlesen]

**Sind Ihre Eltern nach Deutschland eingewandert ODER hatten Ihre Eltern bei der Geburt eine ausländische Staatsangehörigkeit?**

- Ja, meine Mutter, und zwar: _______________ [offen]
- Ja, mein Vater, und zwar _______________ [offen]
- Ja, beide Eltern, und zwar _______________ [offen]
- Nein, weder Vater noch Mutter
- keine Angabe [nicht vorlesen]

**Welche der folgenden Aussagen beschreibt am besten, wie Sie Ihr gegenwärtiges Haushaltseinkommen beurteilen? Mit dem gegenwärtigen Einkommen kann ich/können wir...**

- sehr gut leben
- gut leben
- zurechtkommen
- nur schwer zurechtkommen
- nur sehr schwer zurechtkommen
- keine Angabe [nicht vorlesen]

## Anhang B: Veränderungen am Erhebungsinstrument im Vergleich zu 2021

Mit dem veränderten Erhebungsinstrument wurde zwischen dem 17.10.2022 und 06.11.2022 mithilfe des Online-Befragungstools SoSciSurvey ein Pretest durchgeführt. An der Durchführung des Pretests haben Kolleg*innen der Pädagogischen Hochschule Ludwigsburg und der Universität Siegen mitgewirkt. Im Folgenden werden die Anpassungen am Fragebogen detailliert dargestellt.

Bei der Frage, welche digitalen Geräte die Befragten nutzen, wurden vereinzelt Anpassungen vorgenommen. So wurden die Teilnehmenden nicht mehr danach gefragt, ob sie Navigationsgeräte nutzen. Im Fragebogen von 2021 waren Navigationsgeräte, Sprachassistenzsysteme und Wearables unter anderem deswegen explizit abgefragt, da ihnen als beispielhafte KI-Anwendungen im weiteren Verlauf des Fragebogens eine wichtige Rolle zukam. Denn der Bereich, in dem die Befragten ihre KI-Kompetenz einschätzen sollten, basierte auf diesen drei Beispielen. Um der Lebenswelt der Befragten möglichst nahe zu kommen, wurde im Zuge der Überarbeitung des Fragebogens bewusst darauf verzichtet, Beispiele für KI-Anwendungen vorzugeben. Durch diese Änderung wurden diese Geräte aus dem Abschnitt zur Mediennutzung teilweise gekürzt. Da vor allem Navigationsgeräte heutzutage schon weit verbreitet und separate Geräte durch Dienste wie beispielsweise Google Maps ersetzbar sind, wurden sie – in Form eines Geräts – aus dem Fragebogen gelöscht. Wearables und Sprachassistenzsysteme wurden hingegen im neuen Fragebogen belassen. Denn die seit einigen Jahren steigende Nutzung von Wearables (Dathe et al. 2019; Dathe et al. 2021; Dathe et al. 2022) und die zunehmende Präsenz von Smartspeakern in Haushalten in Deutschland (Englert et al. 2022) wirft die Frage auf, wie sich die Nutzung dieser Geräte weiterentwickeln wird. So befinden sich zum Beispiel Wearables im Besitz von 44 Prozent der 12- bis 19-Jährigen (Feierabend et al. 2021). Auch im höheren Lebensalter sind sie beispielsweise als Gesundheitsarmband (17 Prozent) relevant (Rathgeb et al. 2022).

Bei der Frage zur Nutzung digitaler Geräte wurde außerdem anstatt von Sprachassistenten von einem „Smart Speaker, wie z. B. Amazon Echo mit Alexa" gesprochen. Da sich diese Frage explizit auf digitale Geräte und nicht Anwendungen bezog, sollte mithilfe der Formulierung klargestellt werden, dass hier ein Gerät gemeint ist und nicht Sprachassistenzdienste wie Siri, die in verschiedener Hardware zum Einsatz kommen können.

Bei der folgenden Frage erhielten die Teilnehmenden eine Liste digitaler Anwendungen und Dienste, von denen sie jeweils angeben sollten, wie häufig sie diese verwenden. Für die Neuauflage der Befragung wurde diese Liste um typische eGovernment-Angebote, zum Beispiel zum Stellen von Anträgen für Bafög, Elterngeld oder ein Führungszeugnis, erweitert. eGovernment-Angebote wurden aufgenommen, da sie mehr und mehr genutzt werden – so zum Beispiel bei der Abwicklung der Einkommensteuer (73 Prozent) und der Terminvereinbarung (70 Prozent) (Initiative D21 e.V./Technische Universität München 2022). Veränderungen bei der Nutzung von eGovernment-Angeboten sollen durch die Aufnahme dieses Items perspektivisch im Blick behalten werden.

Menschen, die bei den Fragen zur Nutzung digitaler Angebote und Dienste angaben, diese kaum bis gar nicht zu nutzen, wurden explizit nach den Gründen ihrer seltenen Nutzung gefragt. Die Liste möglicher Gründe wurde – gerade in Hinblick auf Menschen im höheren Lebensalter – um eine weitere Option ergänzt, nämlich: „Ich kann das nicht mehr lernen". Zudem wurde eine weitere Antwortoption in „Mir ist das Internet unheimlich" umformuliert, um mögliche Sorgen der Befragten aufgreifen zu können. Zudem hatten die Teilnehmenden neuerdings die Möglichkeit, eigene – nicht durch den Fragebogen vorgegebene – Gründe zu benennen.

Mit der fünften Frage wurde erhoben, wie die Studienteilnehmenden ihre medienbezogenen Kompetenzen einschätzen. Um bei dieser Frage soziale und affektive Dimensionen von Medien- und Digitalkompetenz verstärkt zu erfragen, wurden folgende zwei Items ergänzt: „Ich kann gut einschätzen, wem ich online vertrauen kann und wem nicht“ (Festl et al. 2019, S. 20) sowie „Ich kann digitale Medien so nutzen, dass es mir guttut“. Mit Letzterem sollte ein Bezug zu möglichem Flow-Erleben bei der Mediennutzung hergestellt werden. Unter Flow wird ein positiv eingeschätzter Zustand verstanden, bei dem Nutzende in eine persönlich sinnvolle Aktivität (in diesem Fall die Mediennutzung) komplett eintauchen und die Umgebung nur noch beschränkt wahrnehmen (Baughan et al. 2022, S. 3; Schober et al 2022. S. 16-17). Bei wenigen Items wurden zudem kleine Änderungen an den Formulierungen vorgenommen, die der inhaltlichen Verbesserung des Fragebogens dienen sollen.

Um Kompetenzen zum Schutz der eigenen Daten differenzierter zu erheben, wurde eine neue Frage zum Thema Datenschutz in den Fragebogen eingefügt. Anhand von fünf Items, die der Arbeit von Helsper et al. (2020, S. 59) entstammen, wurde unter anderem gefragt, ob die Teilnehmenden wissen, wie man Datenschutzeinstellungen verändern kann oder ob sie erkennen können, ob ein WLAN-Netz sicher ist. Das auf diese Kompetenz abzielende Item, welches in der ersten Befragung im Rahmen der vorigen Frage gestellt wurde („Ich kann meine Privatsphäre schützen”), wurde in der Neuauflage folglich aus dem Fragebogen entfernt. In Anlehnung an diese neu eingeführte Frage, wurde auch bei der Relevanzeinschätzung von Kompetenz (siebte Frage) die wahrgenommene Bedeutsamkeit von Datenschutz abgefragt. Auch bei den KI-Kompetenzen wurden Kompetenzen zum Daten schützen in den Fokus genommen.

Um weiterführende Informationen zum Prozess des Kompetenzerwerbs zu erhalten, wurde eine Frage eingefügt, durch wen oder was die Teilnehmenden Medien- und Digitalkompetenzen erlernt haben. Hier standen zum Beispiel Bildungseinrichtungen, das soziale Umfeld und Online-Ressourcen zur Auswahl (Dathe et al. 2022; Deutsches Institut für Vertrauen und Sicherheit im Internet 2018). Auf eine Abfrage der Selbstwirksamkeit und Motivation wurde im neuen Fragebogen verzichtet.

Im dritten Themenbereich wurde das Wissen über KI anstatt dichotom (Ja/Nein) mithilfe einer fünfstufigen Likert-Skala erfasst. Diese eignet sich speziell für Einstellungsmessungen (Jacob et al. 2013) und ermöglicht die Anwendung linearer Modelle bei der statistischen Auswertung der Befragung (Field et al. 2012, S. 271 ff.).

Im vierten Bereich des Fragebogens standen KI-Kompetenzen im Fokus. Im Vergleich zur ersten Befragung wurde dieser Abschnitt umfassend verändert. Zu Beginn hatten die Befragten die Möglichkeit, das KI-System zu benennen, mit dem sie in ihrem Alltag am häufigsten umgehen. Diese offene Angabe wurde eingefügt, um möglichst nah an der lebensweltlichen Perspektive der Studienteilnehmenden zu bleiben. Nur Personen, die zumindest ein digitales Medium oder System mindestens wöchentlich nutzen, hatten diesen Fragebereich zu beantworten, da Nicht- und Wenignutzer*innen kaum Anknüpfungspunkte zum Umgang mit KI-Anwendungen haben. Das eigene KI-System sollte anschließend einem Bereich von Anwendungen zugeordnet werden. Dass ein Beispiel gewählt wurde, war wichtig, um KI greifbar und die Fragen zum Handeln damit beantwortbar zu machen. Um das Handeln mit KI zu operationalisieren, wurden mithilfe der qualitativen Studien von Digitales Deutschland (Schober et al. 2022, Sũna 2023, Sũna & Hoffmann 2022) KI-spezifische Nutzungsweisen identifiziert, wobei Coping-Strategien im Umgang mit dem KI-System im Zentrum standen. Wie bereits im Abschnitt zu Medien- und Digitalkompetenz wurden auch hier sowohl Selbst- als auch Relevanzeinschätzung erfasst, da durch einen Vergleich von beidem potenzielle Förderbedarfe sichtbar werden.

Der fünfte inhaltliche Teil beschäftigt sich mit Einstellungen zu KI. Hierzu wurden drei Items zu Frustrations- und Überraschungspotential sowie Vertrauenswürdigkeit von KI ergänzt. So wurde beispielsweise danach gefragt, ob man den Empfehlungen von KI-Systemen vertrauen kann oder ob KI-Systeme manchmal frustrieren, da sie nicht das machen, was der*die Nutzende möchte. Im Teil zu soziodemografischen Merkmalen wurde eine Frage zu (physischen oder psychischen) Beeinträchtigungen eingefügt. An mehreren Stellen wurden zudem kleinere Änderungen an Formulierungen vorgenommen, um etwa Items zu vereinfachen, zum Teil basierend auf Rückmeldungen aus dem Pretest.